経営事例の物語分析

企業盛衰のダイナミクスをつかむ

田村正紀 [著]

東京 白桃書房 神田

もろもろの個別的な真理はつかまえるが一般的な真理を手にすることのない無学で狡猾な者の場合には，今日利益をもたらしているその当の狡猾さが明日は損害をもたらすことになる。他方，一般的な真理からまっすぐにもろもろの個別的な真理に降りていこうとする，学識はあるが賢慮を欠いている者たちは，実生活の曲がりくねった道を何が何でもまっすぐに突き進んでいこうとして，道そのものを打ち壊してしまう。ところが，実生活において行うべきことがらの様々な紆余曲折と不確実性をへて永遠の真理を目指す知恵ある人々は，まっすぐに進むことができないので回り道をし，そして，時が経るにつれて自ずと利益をもたらしてくれるであろうようなうまい考えを案出する

ヴィーコ*

＊G.ヴィーコ，上村忠男・佐々木力訳『学問の方法』岩波文庫，1987年。原著は1708年。

はしがき

　特定企業を取り上げて，その単独事例を調査・研究の対象にする。これは経営事例の調査・研究でもっとも数多く行われる作業であろう。

　実務の世界では，単独事例研究は種々なかたちで行われる。将来に向かっての戦略シナリオを作成するために自社のそれまでの経緯を調べる。気になる競合他社，重要な取引先の動向，あるいはこれから進出しようとする領域での急成長会社やトップ企業を調べるなどである。

　研究の世界でも単独事例研究を種々なかたちで取り上げる。研究者や大学院生は，それぞれの業界の代表的企業や急成長企業，あるいは他に例をみないようなユニークな企業を研究することにより，既存理論の検証や新理論開発の手がかりにする。学部学生でも単独事例研究に関心を持つものは多い。就職先企業などについて，より深く知るために卒業論文のテーマに選ぶなどはその例である。

　しかし，どのようなかたちであれ，単独事例研究をたんに実例研究として行うと，そこから得られるものは少ない。たんに特定事例の実態を知るだけで終わってしまうからである。その情報は特定の時・場所に限られた特殊事情にとどまるお話に過ぎず，他に応用していけるような経営知識を取り出せないかもしれない。単独事例研究から他にも応用できる経営知識を得るには，単独事例を理論事例として研究する必要がある。これは研究者だけでなく，実務家にとっても同じである。

　理論事例研究では何のためにその事例を研究するのか，つまりなぜその企業を研究するのかの焦点や課題が明確に定まっている。多くの場合，それらは急成長，持続成長，停滞，衰退そして消滅といった企業盛衰ダイナミクスの局面であろう。理論事例研究ではこれらの結果がなぜ生じたのかを説明し

ようとする。そのさい原因になりそうな諸条件を事例資料の中に見つけ出し，それらを理論的に解釈しながら，因果関係を探っていくのである。

物語分析は，このように単独事例を理論事例として研究するさいの最新の基本手法である。盛衰ダイナミクスの特定の結果がなぜ生じたか。物語分析は結果に先立つ過去の出来事を物語として再構成することによって説明する。物語とは結果を生み出す出来事の連鎖である。この連鎖を解明するために，物語分析は定性分析の手法を多用する。また統計分析におけるような変数ではなく，出来事に着目することによって，時系列的な変数数値データが利用できないといった，単独事例研究でしばしば生じる不完備データという情報障害を克服しようとしている。本書では，この物語分析の基本枠組と方法論を概説している。

経営世界で多くの人の関心を集める事象の多くは，特定企業の急成長，不況をものともせず信じられないほど長期にわたる持続成長，衰退企業の不死鳥のごとき復活，あるいは巨大企業の消滅といった単独事例の盛衰ダイナミクスとして現れる。その動態過程を，資料・データが完備していない状況で研究しようとするさい，物語分析は現在のところ利用できる唯一の方法であると言ってもよいだろう。単独事例研究に取りかかる前に本書を一読することで，事例分析の焦点が定まり作業が効率化されることを期待している。

物語分析は社会科学，人文科学でこれまで開発されてきた概念・技法を学際的に総合化している。しかし，本書では研究者だけでなく，実務家，学生も読者として想定しているので，読むにさいして必要な予備知識は何も想定していない。従来の経営学ではなじみの薄い概念も多く登場するが，それらの理解を助けるため本書では事例を概念の例証として使っている。そのさい，事例の多くはダイエー事例を中心に流通企業から取られている。盛衰ダイナミクスがもっとも激しく現れる業界であるだけでなく，多くの読者がそれらの企業を日常生活などを通じてよく知っているので，事例の背景知識の説明に多くの紙数を使わなくて済むと考えたからである。

本書は著者の『リサーチ・デザイン：経営知識創造の基本技術』（白桃書房，

2006年),『経営事例の質的比較分析：スモールデータで因果を探る』(白桃書房,2015年) の姉妹書である。これら3書で著者の考える事例研究方法論はほぼ尽くされている。最後に,本書を姉妹書としてさらに付け加えることにかんして,厳しい出版事情にもかかわらず,快諾していただいた白桃書房社長,大矢栄一郎氏に感謝申し上げたい。

 2016年7月14日

田村 正紀

経営事例の物語分析
目次　CONTENTS

はしがき … i

第1章　物語分析とは何か

1. 単独・理論事例研究を目指す … 3
経営世界のどの局面を切り取るか … 3
理論事例研究を目指す … 4
分析単位としての出来事 … 7
単独事例を対象にする … 11

2. 物語によってダイナミクスを解明する … 14
結果発生過程のダイナミクスを追う … 14
物語がダイナミクス解明のキーコンセプト … 15

3. 物語の筋書き―ダイナミクスで生まれる形状 … 23
筋書きが面白さを決める … 23
単純物語 … 25
複雑物語 … 27
パクス状態と漸進物語 … 29

4. 物語分析の効用 … 32
実践効用 … 32
理論効用 … 34

第2章　経路依存を発見せよ －単純物語分析の基本視点－

1. 単純物語での焦点 ……………………………………………………… 41
    成功物語に注目せよ ………………………………………………… 41
    成功物語は経路依存がつくる ……………………………………… 42
    経路依存の具体例 …………………………………………………… 44
2. 経路依存の発見 ………………………………………………………… 46
    経営世界での経路依存の指標 ……………………………………… 46
    前成期の識別 ………………………………………………………… 48
    形成期の識別 ………………………………………………………… 52
    ロックイン期の識別 ………………………………………………… 55
    再生強化メカニズムの発生条件 …………………………………… 58
3. 再生強化系列の始動 …………………………………………………… 60
    再生強化系列の出発点　初期革新性の創造 ……………………… 60
    イノベーション発生状況の分析 …………………………………… 61
4. 再生強化系列の定着 …………………………………………………… 63
    出来事再生の定着条件 ……………………………………………… 63
    巨額固定費用の拡散 ………………………………………………… 65
    調整効果 ……………………………………………………………… 66
    学習効果 ……………………………………………………………… 67
    勢いの創造による成長の迅速化 …………………………………… 68
    ダイエーの経営憲章 ………………………………………………… 69

第3章　転機と対応－複雑物語のダイナミクス－

1. 複雑物語には転機がある……77
 転機を生み出す経営ショック……77
 転機の特質……78
2. 転機をどう識別するか……80
 転機動因の確定……80
 重要転機への絞り込み……83
 反実仮想……85
 対応状況をどう分析するか……88
3. 転機対応のタイミング……90
 重要性と難しさ……90
 パクス状態での転機到来……92
 ダイエーへの転機到来……93
4. 対応タイミングはどのように決まるか……96
 対応タイミングのモデル……96
 転機対応の特質……98
5. 転機対応の選択肢……102
 選択の主観状況……102
 主観状況の再現……104
 認知, 資源, 価値上の限界……106
 何が選択基準になるか……107

第4章 消滅・復活・漸進－複雑物語の3つの帰結－

1. 衰退物語のパターン ……………………………………………… 111
 転機対応の失敗 ………………………………………………… 111
 本業での対応 …………………………………………………… 114
 ダイエーの可能集合 …………………………………………… 116
 消滅モードへの入り口 ………………………………………… 117
 消滅モードの兆候 ……………………………………………… 121

2. 復活物語のパターン ……………………………………………… 123
 停滞と復活 ……………………………………………………… 123
 経営トップの継承 ……………………………………………… 126
 奥田改革構想と不採算事業の整理 …………………………… 129
 フロント・フォーマットの再構築 …………………………… 131
 バック・フォーマットの改革 ………………………………… 133

3. 漸進物語のパターン ……………………………………………… 135
 漸進物語の特質 ………………………………………………… 135
 進化としての漸進 ……………………………………………… 139
 過程追跡と漸進メカニズム …………………………………… 142
 メカニズムの進化 ……………………………………………… 143

第5章　変数から出来事へ－物語分析の方法論－

1. 経営世界での出来事 ……………………………………………… 151
- 物語分析の概略 ……………………………………………… 151
- 出来事要素とは何か ………………………………………… 152
- 出来事要素の内容カテゴリーとは何か …………………… 155

2. なぜ出来事に焦点を合わせるのか ……………………………… 158
- 事件リゾームからの脱却 …………………………………… 158
- 分析の単純化 ………………………………………………… 160
- 出来事生起の論理的可能性よりも現実生起を考える …… 162
- 構造の動態的変化を捉える ………………………………… 164

3. 出来事概念化の基本作法 ………………………………………… 165
- 何に留意するか ……………………………………………… 165
- 集計による出来事 …………………………………………… 166
- 異種事件流の結合による出来事 …………………………… 168

4. 筋書き発見と出来事概念 ………………………………………… 171
- 結末を精密に概念化する …………………………………… 172
- 物語始点になる出来事は何か ……………………………… 173
- 出来事間の因果関係をたどれ ……………………………… 177
- 反実仮想で必要条件を探す ………………………………… 179
- 十分条件との関係 …………………………………………… 182

索引 … 184

第1章
物語分析とは何か

経営の巧拙によって，企業は成長したり衰退したりする。最悪の場合には，企業の消滅にいたる。経営は企業の生命維持活動である。あらゆる生き物と同じように，企業もその環境の中で活動している。主な環境としては，企業活動に必要な製品，金融，労働について取引を行う市場があり，これらの市場の基礎構造としての法制度，通信や交通のシステム・技術がある。製品市場の最末端である消費市場では，人口の地理的分布，所得階層，年齢分布といった社会経済構造や，消費文化を反映したライフスタイルや価値観，さらには種々な法規制も基礎構造を形成している。

この環境がどのように変化し，その中で企業はどのように経営され，活動実践を行っているのか。その具体的な現実の姿の全体を経営世界と呼ぼう。経営世界は時間・地理空間の中で多様に広大に広がっている。その全体像のすべてを記録し語り尽くすことはできない。しかし，その重要と考えられる側面・断面については，新聞・雑誌記事，統計資料，有価証券報告書，インターネットのウェブサイト，近時では種々な電子媒体を通じてのビッグ・データに記録されている。さらに，現場観察，経営にかかわる人々へのヒアリングを通じて能動的な情報収集を行うこともできる。

一般に経営事例と呼ばれるものは，これらの事例資料を何らかのかたちでまとめたものである。経営事例は企業など組織の経営と，その経営に大きい影響を及ぼす産業の特性や市場など広く環境要因と呼ばれるものを記述している。経営事例は経営実践の様子であり，経営というものの現実世界を多様なかたちで映し出している。

企業人や経営学の研究者・学生は経営事例に強い関心を持っている。かれらは経営事例を調査・研究することによって多くの良質な経営知識を得たいと願っている。この願いを叶えるには，シャープな事例分析手法を利用して事例記述を行う必要がある。物語分析はこの事例資料を分析して記述するための先端手法である。社会科学，人文科学の種々な分野でこの手法が芽生えつつあるが，まだ体系化されていない。本書はこれらの先端的成果を経営世界での事例分析手法として統合する試みでもある。

事例研究の先端手法としての物語分析では，それが目指す先は研究分野の

相違にもかかわらず共通している。要約すれば，
　●単独・理論事例研究　単独事例を対象に，理論事例研究を目指す
　●ダイナミクス解明　事例を物語として捉え，ダイナミクスを解明する
といった特徴がある。物語分析は，単独事例の資料とダイナミクスを焦点にして分析し，理論事例として記述することを狙っている。本章ではこれらの特徴を展望してのち，物語分析が実務家と研究者・学生にとってどのような効用を持っているかを示そう。

1. 単独・理論事例研究を目指す

経営世界のどの局面を切り取るか

　経営事例の記述は経営世界の動きの特定局面を切り取ったものである。切り取り方は多様である。時間的にどの期間を対象にするのか，空間的にどの企業，どの国，地域を取り上げるか，これらの時空間範囲での動きのどの側面に焦点を当てるのか。これらの相違によって，経営事例の記述対象は多様に広がっている。物語分析の対象も同様である。

　事例の時空間範囲が定まっても，それをどういう視座から捉えるかによって，事例記述の具体的なやり方が異なってくる。視座でとくに重要なのは，対象をどの集計水準で捉えるのかという点である。大別すれば，ミクロ水準とマクロ水準がある。ミクロ水準は蟻の目で捉える。これによってミクロ事例ができる。これに対して，マクロ水準は鳥の目で鳥瞰的に捉える。これによって，マクロ事例ができる。

　ミクロ事例では企業など特定組織や特定消費者を対象にする。たとえば，高度経済成長期のダイエーの動きや近時の楽天の動きなどは前者の例であり，特定個人消費者における贅沢消費の芽生えを追跡すれば後者の例になろう。これらの行為主体の全体像を問題にすることもあれば，その一部を問題にすることもある。たとえば企業の場合には，開発，生産，営業など特定領域だけを取り上げ，消費者の場合には態度など心理過程だけを取り上げる。

マクロ事例は産業やその内のいくつかの企業，あるいは多くの消費者などの集合行為を全体として捉える。たとえば，高度成長期での流通システムやネット通販市場の成長などはこの例である。マクロというのは企業あるいは消費者を集計度の高い水準で捉えているからである。経営学にはこのマクロ事例にも興味深いものがある。例をあげると，企業については流通革命，国際化，契約雇用制度などがあり，消費者については高度成長以降に細分市場として出現した贅沢や若者の市場がある。

物語分析はマクロ事例もミクロ事例も分析対象として取り上げることができる。分析の基本的な考え方は同じであるが，利用する分析概念など手法に若干の相違がある。分析に必要な基本概念を体系的に示す便宜上から，本書の物語分析では企業のミクロ事例を中心に取り上げよう。ミクロ事例といっても，その中心は企業の全体事例である。物語分析の手法自体としては企業活動の特定側面，たとえば新製品やブランドの開発，マーケティング，戦略，組織などの部分事例も対象とすることができる。しかし，部分活動の物語分析はそれに必要なデータ・資料の収集がきわめて困難である。たとえば新製品開発の経緯は企業内部においても会議録などを除けば詳細に記録されているとは限らない。

さらにその記録があり，またヒアリングなどが可能であるとしても，その物語分析の結果を公表することができない場合が多い。それは企業機密の領域になっているからである。筆者はこのことを大学院生の研究指導や特定企業へのコンサルティングなどで経験してきた。これに対して，大企業であればその行動の足跡は，有価証券報告書や新聞・雑誌記事のビッグデータとしてアーカイブを利用・公表できる。物語分析の中心適用領域を企業の全体事例に定める理由はこの点にある。

理論事例研究を目指す

対象領域を以上のように定めたとしても，たんに記録したというだけでは，その経営事例は実例レポートにとどまっている。そのかぎりでは，経営事例は焦点が定まっていない。その実例が経営世界でどのような意味を持ってい

るのか，なぜそのような実例が生じたのかは，レポートの行間に埋もれている。それらから重要な経営情報を読み取れるかどうか。それは読み手の知識や解読能力に依存している。

　物語分析は経営世界のたんなる実例レポートではない。理論事例研究を目指しているのである。経営事例から重要情報を引き出すには，実例ではなく理論事例として経営事例を構成しなければならない。要約的に述べれば，理論事例の特徴は次の点にある。[*1]

- 分析の焦点が定まっている。とくに研究目的は説明すべき結果として設定される。
- 結果やその原因条件は，固有名詞だけでなく，それを実例として含む普通名詞の理論概念として設定される。
- 結果と原因条件の関連について仮説設定を行い，それにもとづき事例記述を行う。
- 研究目的に添って事例選択を行い，その事例の母集団は何かを問う。

　理論事例では，なぜその実例を問題にするかが明確である。多くの場合，その事例の結末，たとえば企業の成功や失敗，新製品の急速な売れ行き，新しい消費者指向の顕在化などを研究課題として取り上げる。そしてその結末が経営的になぜ重要なのか，その結末がなぜ生じたかを問うのである。理論事例は実例と比べると，はるかに多くの経営知識を創造する。この知識の大部分は，企業の盛衰がどのように起こるか，なぜ起こるかにかかわっている。

　実例レポートは現実に生じていることのたんなる記述である。たとえば特定企業について，関連ウェブをネットサーフィンしてコピペを繰り返せば，実例レポートとしての経営事例は容易にできあがる。特定企業の実例はまたケースメソッドによる経営教育の教材として取り上げられる。そのさい実例は既成理論の基本概念が現実の経営世界でとる具体的な姿を示すために使われる。[*2] 理論事例も実例をその一部として含んでいる。そのさい，実例は何らかの理論概念の例として取り扱う。しかし，既存概念のたんなる例証として使

---

*1　田村正紀『経営事例の質的比較分析：スモールデータで因果を探る』白桃書房，2015年。
*2　たとえば，池尾恭一『マーケティング・ケーススタディ』碩学舎，2015年。

表1.1　経営事例タイプとその例：「　」内は理論概念

	実例	理論事例
マクロ事例	● 1950年代後半から70年代初頭にかけての日本の流通システム ● 消費市場における贅沢消費 ● ネット通販市場の成長	● 「流通革命」とは何か それはなぜ生じたか ● 「贅沢指向」はなぜ誕生するか ● 店舗型流通に対するネット通販の「競争優位性」とは何か
ミクロ事例	● 1950年代後半から70年代初頭にかけてのダイエーの活動 ● 特定個人消費者における贅沢消費 ● 楽天のネット通販活動	● 「スーパー業態」を採用したダイエーはなぜ「ミクロ流通革命」を達成できたか ● 「消費者」になぜ「贅沢指向」が芽生えたか ● 「ネット通販業態」を採用した楽天の「競争優位性」とは何か

うのではない。既知の理論概念を精緻化したり，新しい理論概念を発見・開発するために，つまり理論開発のために実例が使われるのである。

　表1.1は実例がどのように理論事例になるかの具体例を示している。マクロ実例としての1950年後半から70年代初頭の流通システムを取り上げてみよう。そこでの際だった出来事はスーパーの急成長であった。朝鮮戦争の終了直後から，日本の流通システムではスーパーが急成長し始めた。その経営者達のほとんどは，創業者や中小商店からの転身者であった。

　スーパーは食料，衣料，日用雑貨，家電の一部などをセルフサービスで販売し，その低価格訴求によって顧客を吸引して急成長し始めた。1960年には日本の小売業売上高の上位10位はすべて百貨店で占められていた。しかし，1972年には，上位10位の半分はスーパーで占められるようになっていた。この実例を「流通革命」という理論概念の一例として取り上げるならば，マクロ理論事例の例になる。

　この理論事例ではそれに対応する実例が理論概念の精緻化のために分析される。主要なスーパーは，セルフサービスによる廉売方式をとりながらもその品揃え範囲を拡大し，衣食住にまたがる総合店として大型化していった。いわゆる総合量販店（GMS）である。そしてこの総合量販店をチェーン展開して，大都市周辺の衛星都市や地方都市に立地していった。また，流通の川上に向かって，スーパーはその販売力が生み出す取引交渉力を背景に，問屋に

種々な要求を出し,メーカーに対しても,大量仕入れによる値引きやPB商品開発を持ちかけるまでになった。

　売り手と買い手が相対峙して取引する場を市場と呼ぶとすれば,流通システムは3種の市場の複合体である。[*3] まず,卸や小売といった流通段階からなる垂直連鎖市場がある。次に,この各流通段階で多様な製品別市場が流通企業の品揃え活動を通じて多様なかたちで合流し,また下の段階に向かって分岐していく。この意味で流通市場は種々な製品市場の複合体でもある。

　さらに小売段階に近づいていくにつれて,市場は地理空間的にも広がっていく。最終段階の小売市場では,全国市場は地理的に限られた小売市場に分解し,商圏の部分的重複を通じて鎖状的に連結した市場になる。流通システムのこれらの3側面の構造が,それぞれ垂直構造,品揃え構造,空間構造である。総合量販店の急成長を革命というのは,これらの構造に大きい変動を生み出したからである。

　しかし革命のもっとも本質的な特徴は覇権の交代にある。70年代の初頭には小売売上高トップ10の半数を占めることによって,それまでの百貨店の流通覇権を脅かし始めた。それだけではなく,ミクロ実例として,1972年ダイエーが三越を追い越して,日本流通業のトップの座を占めたという事実がある。ダイエーの事業活動はこの間どのようなものであったか。それがミクロ実例である。ミクロ理論事例では,ダイエーが流通業界のトップ企業となったことをミクロ流通革命という理論概念の一例として捉える。このミクロ理論事例では,ダイエーミクロ流通革命がどのような活動や戦略によって生み出されたかが焦点である。

分析単位としての出来事

　理論事例研究を目指す物語分析は,第5章で詳論するように,経営世界の認識にかんしてユニークなアプローチを取る。それは経営世界の動きを事件ではなく,出来事を単位として認識するという点である。事件とは経営世界でその時々に生じた事柄である。新聞などはそれをニュースとして取材して

[*3] 田村正紀『流通原理』千倉書房,2001年。

いる。事件の特徴はその発生事項が時間的に短期間に，また地理空間的に特定され，その多くが固有名詞の世界に限定されていることにある。事件の内容は発生時点と生じた事柄を中心にしている。事件発生を知ることにより，それらは，あれこれのことが生じたという人々の知覚体験になる。

　出来事は事件の意味を問い解釈することから生まれる認識である。たとえば東日本大震災という事件は，東電にとっては経営ショックという出来事になる。出来事は1つの事件に対応するだけでなく，多くの場合，関連するいくつかの事件を統合することによっても認識されている。たとえば，持続成長，流通革命，明治維新といった出来事は，関連する事件を統合的に意味づけ解釈することによって1つの出来事として認識される。だから出来事では，事件の知覚体感が解釈体験に変容している[*4]。物語分析では事件を出来事に変換するさいに理論概念を多用する。だから物語分析での出来事は，なんらかの理論概念で解釈されているという意味で，理論概念になっている。

　出来事を認識するには，経営世界での多様な事件を捉える認識枠組みがいる。ミクロ事例を取り扱う本書では，その経営世界を図1.1のような枠組みで捉え，そこでの事件を出来事として認識することにしよう。この経営世界は行為主体である特定企業の経営サイクルとその環境からなる。図中で経営サイクルは2重線矢印で結ばれ，環境は楕円型で示されている。

　図中の中心には，行為主体の事業活動の流れが経営サイクルとして示されている。それは3種の局面からなる。フロント・フォーマットは顧客接点を担うフロント・システムの活動様式である。メーカーではマーケティングと営業，流通企業では店舗での品揃え，価格水準，接客サービスなどの活動様式である。

　フロント・フォーマットは消費市場と向かいあっている。消費市場は顧客の集まりである。それとともに顧客を巡って他の企業と競争する場でもある。購買するさい，消費者によるブランドや企業の選択状況はこの競争の鏡でもある。企業のフロント・フォーマットは，その様式により顧客への価値提案を巡り競争しながら，消費市場と相互作用している。

[*4] 野家啓一『物語の哲学―柳田国男と歴史の発見』岩波書店，1996年。

1. 単独・理論事例研究を目指す　9

図1.1　ミクロ経営事例での出来事認識の枠組み

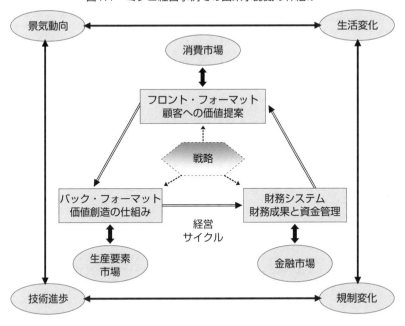

バック・フォーマットは，顧客への価値を創造する仕組みとしてのバック・システムの活動様式である。具体的には，従業員を組織化して，モノやサービスを生産していく様式である。このために，生産要素市場から従業員を雇用し，原材料，製品，種々の業務サービスを調達する。財務システムは資金の獲得・運用のシステムである。経常的な財務成果は，フロントとバックのフォーマットが市場に働きかけて結果的に生み出した売上，費用，利益などである。財務システムは成果として得られた資金の管理活動も含んでいる。財務システムは金融市場を通じて資金の運用や調達を行っている。

　経営サイクルのこれら3局面を結ぶ矢印は，経営における事業活動の流れを示している。この流れでは，目的・手段関係と原因・結果関係が相互変換されている。お客に提案すべき価値提案が決まれば，それをどのような仕組みで創造するかが次に問題になろう。価値提案と価値創造の仕組みによって市場と取引した結果として財務成果が決まる。財務成果に結果がでれば，そ

れにもとづいて価値提案をどのように修正すべきかの方向が決まる。

この経営サイクルの動きの方向を全体として統御しているのが戦略である。戦略は経営サイクルの動きの長期的な方向を指示する。この点で経営サイクルの3つの局面の枠組みを作る。3つの局面からみれば，戦略は活動遂行の構造である。戦略は主として経営トップのリーダーシップの下に策定される。戦略によって経営サイクルの3局面が統合され，経営サイクル全体にかかわるような出来事が生じる。

経営サイクルが取引を通じて相互作用する消費市場，生産要素市場，金融市場は事業の直接環境である。経営サイクルの環境としては，さらにその活動のより基盤的な場としての最終環境がある。その主要な領域は景気動向，技術進歩，法律による種々な規制変化，そして人々の生活様式の変化である。これらの領域は多様で複雑な形を取って関連している。経営サイクルやその直接市場を樹木にたとえれば，最終環境はその土壌である。最終環境は経営サイクルとその直接市場の変化に影響を与えている。

事業活動とその環境からなる経営世界での出来事は，階層構造を形成している。最終環境での出来事を規定とし，その上に直接環境での出来事，さらにこれらの環境と経営サイクルの3局面それぞれの相互作用から起こる出来事が積み重なり，そして全体的な戦略に至る。ミクロ事例の物語分析で問題になる出来事は，以上のような階層構造を持って生じる一連の出来事の集まりである。

通常の統計分析などでは，経営世界の事件を理論概念を表す変数に集約して捉える。変数とは事例の属性値である。事例間の差異や特定事例での変化は変数の値の変化によって表される。主要な変数は被説明変数と説明変数からなる。これらはそれぞれ従属変数，独立変数と呼ばれることもある。被説明変数は分析にさいして説明対象になるその事例の結果であり，研究課題に関連している。説明変数は結果を説明するために使われる事例の特質である。ダイエーによるミクロ流通革命を例に取れば，被説明変数はその売上高であり，説明変数としては店舗数，品揃え範囲，価格水準などが設定されよう。

この変数分析と比較すれば，物語分析で出来事を分析単位にするとはどう

いうことか。たとえば，ダイエーは1972年に3052億円の売上高を達成した。変数はこの数値のみを捉えている。出来事として分析するとは，この数値の意味を問うことでもある。つまり，この数値によってダイエーは，それまでの小売トップの三越を抜きミクロ流通革命を達成した。物語の結末はこの例のようにミクロ流通革命の達成といった出来事として設定される。またこのような結末を生み出した要因も，店舗数といった変数ではなく，総合量販店のチェーン展開といった出来事として認識される。

変数との対比でいえば，出来事は複数の変数の値からなる組であると見なすこともできる。それは数学の一分野である行列代数がベクトルなど変数値の組を演算単位にしているのに似ている。第5章で詳論するように，経営事例での出来事の多くは人間の活動によって生じる。その認識には誰が，何を，いつ，どこで，いかに行ったかという多元的な側面の記述が必要になる。これらの各側面を変数とすれば，出来事は変数値の組である。

変数が一次元空間を動く何らかの特性状態を表しているのに対して，出来事は複数の特性からなる多次元空間で動いている。物語分析は事例を変数レベルではなく出来事レベルで分析していくのである。このアプローチが何を狙っているかを理解するには，物語分析が単独事例分析であり，そこでのダイナミクスを焦点にしているということを踏まえねばならない。

単独事例を対象にする

経営世界を理論的に分析するための手法には，定量分析と定性分析がある。前者の代表は回帰分析など統計分析であり，後者の代表はQCA（定性比較分析）[5]など比較事例分析である。これらと対比すれば，物語分析はどのような特性を持っているのだろうか。その際だった特徴は，単独事例を対象にしているという点にある。

統計分析もQCAもともに，その分析に使われるデータは表1.2に示すデータセット観察[6]である。この観察は，行に事例を取り，列に変数を取ってエク

---

[5] 田村正紀『経営事例の質的比較分析：スモールデータで因果を探る』白桃書房，2015年。
[6] データセット観察のコンセプトについては，H.ブレイディ・D.コリアー・J.シーライト「方

表1.2 データセット観察

		説明変数				被説明変数
		1	2	・・・	m	
事例	1					
	2					
	・ ・ ・		観察された変数値			
	N					

セルのスプレッドシートにかけるような長方形のデータセットからなる。各マス目は特定事例の特定変数についての観察値からなる。この形式を満たすためには，単一ではなく複数の事例について，統一的な変数の組にかんしての観察データが必要になる。

　データセット観察の基本は，あらゆる事例にかんして，すべての変数の観察値が利用できることである。観察値がいずれかの変数にかんして欠測する場合には，その事例は分析から除去される。統計分析もQCAも事例を変数値の集まりとして捉え，それを分析する点で変わりはない。

　統計分析では変数間の統計的な関連が関心の的である。いわばデータセット観察を列の方向から眺めている。事例間で変数値がどのように変動しているかに関心がある。事例間での被説明変数の変動と関連するような説明変数とは何かを統計的に明らかにすることがその課題になる。つまり説明変数が被説明変数に与える効果を推定しようとするのである。安定した推定値を得るため，統計研究のリサーチ・デザインでは事例（標本）数Nをできるだけ多く収集することを目指している。

　しかし，理論的に興味深い経営事例では観察できる事例数がその本来的性格によって数少なく，統計分析に必要な事例数を確保できないことがよくある。その典型例はイノベーション事例などであろう。また業界トップ企業な

法論の再検討」，H.ブレイディ・D.コリアー編，泉川泰博・宮川聡明訳『社会科学の方法論争：多様な分析道具と共通の基準』勁草書房，2008年に所収参照。

ども多くの関心を引くが，その数は各業界に1つしか存在しない。QCAはこのような少数事例分析で利用できる手法であり，コンピュータ・ソフトも整備されている。この手法ではデータセット観察を行の方向から分析する。その焦点は各事例において説明変数値がどのような組み合わせで存在しているかである。それを初歩的な集合論やブール代数などを利用して分析する。

　経営事例の統計分析やQCAには共通するもう1つの特徴がある。それはクロスセクション分析であるという点だ。これらの手法で取り上げる変数値は，ある特定の時点や期間での事例の状態を表している。それらは経営サイクルとその環境のスナップショットである。諸変数が本来的には時間的経過でダイナミックに変動するものであっても，ある特定の時点や期間での事例を横断的に分析しているのである。

　分析手法としては統計分析にもQCAにも時系列データを扱える手法がある。しかしその利用には，多数時点でのデータセット観察が十分に利用できなければならない。言い換えると，経営サイクルの状態を多くの時点で観察できなければならない。経営事例にかんして，この種のデータを入手することはきわめて困難である。経営サイクルについて時系列統計分析が数少ない理由はデータ収集が難しい点にある。

　以上の手法と比べると，物語分析にはどのような特徴があるのだろうか。何よりもまず，物語分析の基本的対象は単独事例であるという点で統計分析や比較事例分析とは異なる。物語分析は，この単独事例でその結末がどのように生じたかを物語る。事例の結末とは，統計分析やQCAでの被説明変数に該当し，事例の研究課題である。

　しかし，これらの手法とは異なり，物語の結末は物語分析では売上高が何千億円に達したという類いのたんなる従属変数の特定値ではなく，ミクロ流通革命の達成や持続成長といった出来事である。単独事例での出来事としての結果がなぜ生じたのか。それをその単独事例だけで理論的に説明しようとすれば，それを物語として記述する以外に他に有効な方法はない。これが物語分析の基本的な主張である。

2. 物語によってダイナミクスを解明する

結果発生過程のダイナミクスを追う

　単独・理論事例を対象にするということに加えて，物語分析にはもう1つの特徴がある。それはその事例での結果がいかに生み出されたかの過程を捉えるアプローチにある。その特徴は，物語によって過程のダイナミクスを解明しようという点だ。ダイナミクスとは，多様な諸力の作用を通じて変遷していく過程の形である。形の例には，成長，衰退，安定，復活，消滅などがある。一方，物語では出来事が因果的に連結し，始まりから結末までの出来事系列を構成している。

　事例の最終結果を生み出した要因を探るにさいして，物語分析はその最終結果に先立って，どのような出来事がどのような順序で生じてきたかに注目する。先行する出来事系列によって最終結果が生じたと考える。物語分析は結果を生み出した歴史経緯を追うことにより過程を分析する。この点では歴史研究や統計的な時系列分析も同じである。物語分析はこれらとどのように異なるのだろうか。

　物語分析はいわゆる歴史分析ではない。歴史分析では出来事を個別的，具体的に分析する。いわば固有名詞で記述される過去の出来事を分析する。これに対して物語分析では出来事さえも，できるかぎり理論概念で一般化しながら捉えようとする。たとえばダイエーによるミクロ流通革命事例の歴史分析では，新三宮店の出店とその同種店が全国のどの地区に出店していったかが記述されよう。物語分析ではこれを総合量販店フォーマットという業態イノベーションと全国へのそのチェーン展開という流通理論概念で捉えるのである。

　物語分析が歴史経緯を追うといっても，この分析の仕方は統計的な時系列分析とは同じではない。統計的時系列分析を行うには，複数時点でのデータセット観察が必要になる。言い換えれば，この手法では事例を記述するのに必要な変数の組は時点間で変わらないと想定している。そうでなければ，複数時点にまたがるデータセット観察が得られないからである。

物語分析での出来事系列分析は同じく過去を分析するといってもこれらと大きく異なっている。この分析では異時点で発生する出来事を，かならずしも同じ変数の組で記述できるとは見なさない。その記述に必要な次元，つまり変数の組は，出来事により異なるかもしれないと見なしているからである。

　統計的な時系列分析は，一定の変数組を使用する点で，いわば等質的な空間での動きを分析している。これにかんして，物語分析では種々の出来事間の関連を追跡する。出来事間でそれを規定する出来事要素，つまり変数組は変わってもよい。だから物語分析での歴史経緯の分析はいわば異質空間での動きの分析である。

　比喩的にいえば，統計分析はよく整備された高速道路での運転であるのに対して，物語分析は道なき道が続く荒野での運転である。さらに比喩を続ければ，統計分析は等質で障害物のない池での魚の動きの分析であるのに対して，物語分析は異質の水が混在し所々に水草が生い茂る池での魚の動きを追いかけているといってもよいだろう。

物語がダイナミクス解明のキーコンセプト

▶物語構成のルール

　物語分析では，物語という概念をダイナミクス解明のキーコンセプトとして使う。最終結果（物語の結末）に関連すると思われるいくつかの出来事があるとしよう。それらを物語として構成するのである。この物語とはどのようなものだろうか。物語分析でいう物語は理論概念である。だからこの概念を正確に定義しておく必要がある。

　日本語での物語という日常用語は，英語のストーリー（story）とナラティブ（narrative）の両方の意味を含み両義的である。この両方とも，何らかの出来事や，それに関連した主体（人，組織など）の行為や，それによって生じる結果の記述である点は同じである。

　ナラティブとストーリーはどう違うのだろうか。ストーリーは作家や話し手が読み手・聞き手を楽しませるために創作した出来事や人物の記述である。ストーリーには創作による虚構が含まれている。いわゆる作り話といわれるも

のである。文学作品などになると，作者は想像力を働かせて虚構を作り，それによって作者が読者に訴えたいイメージを作り出していく。[*7] 文学では虚構は作品の命である。

　ナラティブにも出来事や人物の記述がある。しかし，出来事や人物は作り話のように虚構ではなく，事実だけにもとづくものである。この事実には資料のある事実だけでなく，それらから推論された事実を含めてもよいだろう。発見されたすべての事実だけにもとづくという点が重要だ。だから歴史小説や自己体験にもとづく私小説などは，ここでいうナラティブではない。事実に虚構が加えられ筋書きを作っている[*8]からである。本書でいう物語は，一貫してこのナラティブの意味である。

　物語（ナラティブ）という用語は，多くの研究分野でたんに日常語としてだけでなく，理論概念としても使用されるようになった。主要な分野は哲学，文芸評論，歴史学，記号学といった人文系だけでなく，心理学，社会学，経営学などの社会科学系にも及んでいる。理論概念としてとしての物語には基本的な構成ルールがある。これについては，多くの研究分野にわたって，ポイント1.1に示すような共通理解がある。[*9] これらは物語分析における理論概念としての物語の意味を明確に伝えている。

物語構成のルール　　　　　　　　　　　　　　　　　　　**ポイント1.1**

➢物語の終点を設定する。終点とは物語の結末（最終結果）を評価する時点である。
➢最終結果に関連するようないくつかの出来事を選択する。
➢これらの出来事を順序づける。
➢これらの出来事を因果的に連結する。
➢物語の始点を設定する。

---

*7　高橋和巳『事実と創作』1968年，高橋和巳全集第14巻，1978年に所収。
*8　森鷗外『歴史其儘と歴史離れ』1915年，青空文庫に所収。
*9　K.J.Gergen and M.M.Gergen, "Narrative and the Self as Relationship", *Advances in Experimental Social Psychology*, Vol.21, Academic Press, 1988. A.Abott, *Time Matters: On Theory and Method*, The University of Chicago Press, 2001.

一言でいえば，事例の終点と始点を分析的に設定し，それらを繋ぐ種々な出来事の因果関連様式を明らかにする。これが物語の構成ルールである。理論事例はなによりもまず理論的に納得できる物語からなるが，この納得性は物語の構成ルールが適切に守られているかどうかに依存している。物語の終点と始点をどう設定するのか，これらを結ぶ出来事系列をどのように構成するかなどである。

▶物語の終点

　物語の終点とは，その事例分析によって説明したいとおもう物語の結末，つまり最終結果である。物語の終点は事例の分析者が設定する。この設定にさいしては，ポイント1.2を踏まえねばならない。

物語の終点の設定　　　　　　　　　　　　　　　　　　　ポイント1.2
- ➢物語の終点は事例の研究課題として説明されるべき出来事である。研究課題を明確にしなければ，終点になる出来事を識別することができない。
- ➢分析者はこの出来事を何らかの視点から評価しなければならない。

　調査・研究者がソニーのウォークマン事例を革新的な新製品開発の理論事例として取り上げたしよう。この理論事例の終点は，この製品の開発成功である。この成功がソニーの以後の発展に大きく貢献したことを踏まえた上で，この革新的新製品がどのような過程を経て開発されるにいたったかが事例分析の対象になる。

　高度成長期でのスーパーの急成長を流通革命として捉えようとする事例研究での終点は流通革命の達成である。流通革命とは覇権の交代と考え，ミクロ的に捉える場合には，1972年にダイエーが三越を抜き小売売上高トップの位置を達成したという出来事がミクロ流通革命の終点である。しかし，流通革命をマクロ事例として捉え，流通システムの垂直，品揃え，空間といった次元での構造変化というマクロ的な結果を重視するならば，物語の終点はさらにずれ込むことになろう。

いずれにせよ，理論事例の終点は研究課題として分析者が設定した出来事である。終点出来事はその事例で説明されるべき事柄である。なぜウォークマンの開発に成功したのか，なぜ流通革命が起こったのか。これらの事例での終点出来事は，それらの事例分析で説明されるべき結果になっている。いわば終点出来事は，その事例研究の研究課題そのものである。だから事例研究の研究課題を明確に設定しなければ，物語の終点を識別することはできない。

終点出来事はまたその事例研究での評価対象にもなっている。ウォークマンの開発成功は，ソニーの以後の成長の基盤になったとか，売上高の急成長をもたらしたかの評価である。ダイエーが小売売上高トップの座についたという出来事も売上高ランキングという評価の目差しで捉えられている。

どのような物差しで終点を評価するのか。物差しを座標軸にしてできる評価空間は，対象事例と研究課題によって多様である。新製品開発，人事，営業など企業活動の特定領域に絞り込んだ事例では，評価の物差しは質的な判断になることが多い。たとえば，新製品開発が上手か下手か，人事が優れているかいないか，営業力が強いか弱いかといった評価尺度である。しかし，開発新製品数や流通企業の出店数など計量データが得られる場合もある。

理論事例の終点はできるかぎり計量的に測定できる出来事が望ましい。計量データとしては，上場企業の場合には有価証券報告書などによって種々な財務成果データが利用できよう。この場合でも最終結果の出来事を厳密に設定して，課題設定することが理論事例分析には不可欠である。たとえば，よく利用される売上高だけによって企業を評価する場合を例に取ってみよう。

事例終点年度の売上高についても，それを捉える視点によって，研究課題の内容は括弧内に示すように異なってくる。

- 1兆円の売上高を達成した。（巨大売上高がなぜ達成されたか）
- 売上高業界1位を達成した。（業界でなぜ強い競争力を持つか）
- 売上高が10年前と比べて3倍になった。（なぜ急成長したか）
- 売上高が過去10年間の持続成長を達成した。（なぜ持続成長できるのか）

最終結果の評価に計量データを使えれば，以上の例が示すように，最終結

果に先立つ出来事や同業他社との比較でも相対的に評価でき，理論的に多様な課題設定ができることになる。複数の成果指標を使う場合には，研究課題の設定はより厳密にすることが必要である。

▶出来事系列

物語は種々の出来事から構成されている。多くの場合，出来事は事例での行為者（個人，集団，組織など）による行為の遂行によって生じる。行為者の中には国家や自然も含めることが必要な場合もある。たとえば法制定などは国家の行為遂行であり，福島原発事故などの出来事では，自然を擬人化して大津波を起こした行為者の1つと見なすことができよう。

物語では2つの出来事が物語文[*10]によって連結されている。物語文では一方の出来事を原因とし，他方を結果とする因果関係を記述している。物語全体は一連の物語文から構成されることになる。優れた理論事例は興味深いだけでなく，納得できる物語を含んでいなければならない。この納得性は，事例に含まれるいくつかの出来事をどのように物語るかによって決まる。つまり，物語での出来事間の因果連関の妥当性が納得性を決めるのである。

このために，まず多くの出来事の中から事例の最終結果ととくに関連している出来事を選択する必要がある。つまり最終結果の原因条件になっているような出来事を選択することが必要である。最終結果に照らして，重要な原因条件となる出来事を選ぶ。最終結果のコンセプトがウォークマンの開発成功のように比較的単純な場合にはこの作業はそれほど難しくない。しかし，最終結果のコンセプトがファジイでありかならずしも明確でない場合には，重要な原因条件の選別は難しくなる。

たとえば，流通革命のような複雑な概念の場合には，流通革命とは何なのかという概念自体が理論的に固まっていない。流通覇権の交代なのか，流通システムの急激で大きい構造変化であるのか，それとも流通費用の大きい削減といった流通成果であるのか。あるいはこれらの複合体が流通革命であるのか。流通革命をどう概念化するかによって，原因条件になる出来事は異な

---

*10　A.C.ダント，岡本英夫訳『物語としての歴史—歴史の分析哲学』国文社，1989年。

ってこよう。

また，流通企業の国際化を研究課題にするさい，国際化とはそもそも何なのか。どれくらい多くの外国市場に出ているかということなのか。あるいはその企業の売上高に占める海外売上高の比率であるのか。それともそれらを合わせたものか。いずれを国際化と考えるかによって，選択される出来事は異なるであろう。したがって，納得できる物語作成の第一歩は，ポイント1.3を守ることである。

出来事系列の識別　　　　　　　　　　　　　　　　　　　　　**ポイント1.3**

➢出来事系列を識別にするには，事例の終点，つまり最終結果のコンセプトをまず明確に設定せよ。

最終結果と関連しそうないくつかの出来事を選別すると，次に物語を構成するためにそれらの出来事を順序づけなければならない。この順序づけは最終結果を生み出す過程を説明するためである。

もっとも単純な順序づけは，時間的に生起した順序で出来事を順序づけることであろう。この場合，出来事系列は線形的な歴史時間による系列になる。歴史時間とは年月日付きの時間であり，2時間ほどで東京に行けるという自然時間ではない。歴史時間を含む出来事系列の例としては，小集団内の合意形成のさいのメンバー間の根回しのような相互行為過程をあげることができよう。

出来事はいつ，誰が，誰に何を話すかということである。歴史時間の経過の中で話が次々に伝達されていくとすれば，図1.2の上部に示すような線型的な歴史時間系列になる。しかし，経営事例の場合，出来事系列がこのような線形的な歴史時間系列になることはまれであろう。その理由は異なる出来事が同時並行的に生じたりするだけではない。経営事例では持続時間が異なる出来事から構成されるからである。とくに持ち株会社制の採用や戦略などは，企業活動をかなり長期にわたって構造化し定在化させることになる制度である。

図1.2　出来事系列の例

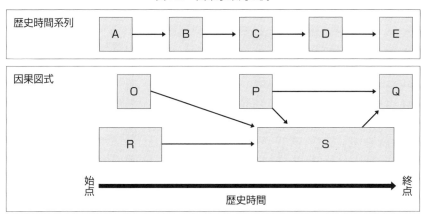

　これらが特定営業活動など短期的な出来事と合わさって事例の最終結果を生み出すとき，出来事間で単純な時間的序列をつけることが難しい。この場合，物語の出来事系列は原因結果の関係を表す因果図式として構成されることになる。この因果図式は過程分析に不可欠の時間を無視したものではない。時間は時間層の交錯として因果図式に現れている。

　物語分析での出来事には出来事の持続時間が異なるものが含まれている[*11]。たとえば営業の出来事の持続時間は短く，制度などの持続時間は長く，長期持続的である。戦略の持続時間はその中間に入るだろう。持続時間の相違は出来事によって所属する時間層が異なるということである。因果図式はこの時間層の交錯を含んでいる。

▶物語の始点

　事例の終点，つまり事例の最終結果を生み出した出来事系列はいつ，どこから始まったのだろうか。事例での出来事系列は，歴史時間の経過の中で生じるから，過去に向かって連関をさかのぼっていけば，出来事が次々に連

---

*11　一般に歴史上の出来事は異なる時間層に分布している。出来事の持続時間がこの時間層によって異なる。(F.ブローデル，浜名優美訳『地中海』Ⅰ～Ⅴ，藤原書店，2004年)

なっていることが多い。つまり過去に向かっての無限後退が続くことになる。しかし，物語分析では物語の始まりを無限にさかのぼることはしない。物語の始点は分析者が理論的に設定するのである。

　この設定の仕方は，歴史物語の始点設定に似ている。たとえば，『ローマ帝国衰亡史』*12というきわめて有名な歴史書を見てみよう。著者ギボンはこの物語をローマ建国時点の紀元前8世紀ではなく，紀元2世紀のアントニヌス朝から始めている。共和制から帝政に移行して後に，ローマ帝国の隆盛が最高潮に達した時期である。以後帝国は衰亡への路をたどる。アントニヌス朝自体は共和制末期の混乱から生まれているが，帝国衰亡の種子の芽生えという点からみるとこの時代から始まった。

　各出来事に個別的に焦点を合わせて，それを生み出した別の出来事をたどれば無限後退におちいる。無限後退とは限りなく過去に向かって遡ることである。物語の始点設定にさいして重要な点は，事例の終点，つまり説明すべき最終結果に照らして個々の出来事系列を検討していくことである。

　出来事Aは出来事Bによって生じた。出来事Bは出来事Cによって生じた。では出来事Cはどのような出来事によって生じたか。始点設定で必要なのは，このような出来事間の個別連関をたどることではない。個別連関の重要性を最終結果に照らして評価しながら，その始点までたどることが必要である。

　物語は終点と始点を設定して，調査・分析者が現実過程から切り取った出来事系列の完結した1つの全体である。始点より以前に起こったこと，また終点より以後に起こったことは，分析対象から除外されている。始点と終点を適切に設定することによってはじめて，その間に生じた種々の出来事間の因果関連を，最終結果にいたる1つの完結した有機的全体として組み立てることができるのである。

　何らかの一定期間に生じた企業活動全体といったものは，とくに大企業などの場合は，時空間に無限に近く広がっている。従業員数千人の企業を考えてみよう。その組織活動だけにかぎって見ても，そこでの出来事をミクロ・レベルで捉えると，各人がいつ，どこで，誰に，何を話したかということで

---

*12　E. ギボン，中野好夫訳『ローマ帝国衰亡史』Ⅰ～Ⅹ巻，ちくま学芸文庫，1996～97年。

ある。

トップ・マネジメントの組織活動にかぎれば，捕捉できるにしても，中間層，さらには全従業員にまで対象を拡大すれば，その全体は語り尽くせぬものとなろう。いくら内部統制の行き届いた企業でも，その全体像を把握し記録していないだろう。せいぜい，メールの通信記録などをビッグデータとして保管しているぐらいで，従業者各人間の対面伝達については，公式会議を除き記録や保管のしようがない。

理論事例での物語は，終点を設定し，それに照らして重要な出来事を選別する。そして物語の始点を設定して，分析する期間を区切り，始点から終点にいたる重要な出来事の系列を1つの因果ネットワークに組み立てようとする。この作業によって作成される物語は，特定期間に生じた出来事を再現したいわば模像である。この模像の真実性は，適切な出来事が選別されているか，それらの間の因果連関が全体として納得できるかどうかに依存している。

3. 物語の筋書き―ダイナミクスで生まれる形状

筋書きが面白さを決める

物語分析での理論事例は納得できるだけでなく，関心を引くという意味で面白い物語を含んでいなければならない。一般に関心といっても，どのような観点から関心を引くかという点からみると，経営事例の場合には3種の関心があり，それらは部分的に重なっている。図1.3はその様子を示している。

理論事例であるかぎり，問題になる事例領域はこの図でA，B，Cのいずれかの領域に入る事例であろう。B型の理論事例は調査・研究者の個人的関心と学会の関心をともに引くが，産業界・社会の関心を引かない。理論上から問題になる概念や仮説を，特色のない企業を事例として検証したり開発したりしようとする事例研究などはこの例である。既存資料があり，ヒアリングや内部資料が得やすいという理由だけで事例選択すると，この種の事例研究になる。象牙の塔に閉じこもるおたく型のまじめな研究者がこの種の事例研

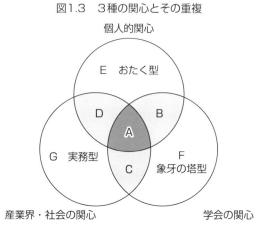

図1.3　3種の関心とその重複

出所：田村正紀,『リサーチ・デザイン』白桃書房, 2006年。

究を行う。

　C型の事例研究は, 産業界・社会と学会の両方の関心を引くが個人的関心の圏外になる。事例研究だけでなく, 良い研究をしようとするさい, その対象についての強烈な個人的関心は不可欠な要件である。

　多方面の関心を引くという点で理想の事例研究はA型の理論事例であろう。例をあげれば, 業界を代表するトップ企業やそれへの挑戦企業, 多くの企業とはまったく異なるスタイルで好業績を上げている企業, ダイエーのように流通革命を先導して巨大企業に上り詰めながらも, 比較的短期間で転落した企業, まだ規模は小さいが次の時代の経営様式を予兆させるようなベンチャービジネス, マクロ事例としては先端的な指向を示す消費者集団, 流通革命のような時代を画する歴史的事件, 中国人の爆発的贅沢指向の出現などにかかわる事例である。多くの人たちの関心を引き注目される事例研究には, この種の題材のものが多い。

　理論事例の面白さは題材の重要性だけでなく, その物語の筋書き（プロット）によって大きく左右される。筋書きとは, 事例の終点（最終結果）にいたる始点以降の出来事系列の組み立てである。多くの支流が次々に合流して大河となり海に注ぐように, 各出来事は支流のようにプロットに注ぎ込み, 大

きい流れとなって最終結果にいたる。大木の四方八方に広がる枝葉であっても，逆樹形としてみれば根元に向かって収束していく。筋書きは多様な出来事が全体として最終結果にどのような組み立てで連なっていくかということである。

単純物語

事例の面白さは，筋書きの方向によって決まる。方向とは，事例の終点（結末）の評価に使う評価空間上での終点と始点の相対的位置関係である。この位置関係からみると，筋書きの基本タイプは，始点と終点との関係がどうなるかによって，図1.4に示すように3種ある。これらは事例のダイナミクスが全体としてとる形状を示している。

この基本タイプにより，成功物語，失敗物語，安定物語という3種の筋書きができる。成功物語では始点から終点にかけて評価が上がる，逆に失敗物語では評価が下がる，そして安定物語では評価がほとんど変わらない。それぞれの物語では成長，衰退，安定がキーワードになる。筋書きの基本タイプ

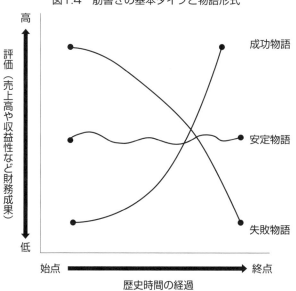

図1.4　筋書きの基本タイプと物語形式

のいずれかしか含まない物語は，単純物語という形式を取っている。単純物語の基本型は成功，失敗，安定のいずれかの物語である。

多くの経営事例が専門書やビジネス書で研究・発表されてきた。そのほとんどは成功，失敗，安定のいずれか1つの筋書きからなる単純物語である。もっとも多いのは成功物語であり，次いで失敗物語である。安定物語の事例は非常に数少ない。この点からみると，世間の関心の大きさはこの順序で並んでいる。それを標準とすれば，成功物語がもっとも面白く，安定物語はもっとも面白くなく，失敗物語はその間にあるということになろう。

物語の筋書きは事例研究者の分析視角を反映している。それは分析者がその問題意識によって実例から切り取ったものである。筋書きは始点と終点との相対的位置関係で決まり，理論事例では分析者が終点と始点を設定するからだ。同じ実例でも，分析者の視座を反映した事例の観察期間によって成功物語，失敗物語，あるいは安定物語のいずれにもなることがある。

たとえばダイエー事例を取り上げると，分析期間の設定により複数の物語になる。小売売上高トップに躍り出た1972年までは成功物語として，それ以降バブル経済が崩壊した1993年頃までは安定物語として，そしてバブル以降は失敗物語として理論事例分析を行うことができよう。理論事例の終点と始点をどう設定するか。つまり観察期間は，物語の筋書きに決定的な影響を及ぼすことになる。面白い理論事例分析をするには，終点と始点を決める観察期間の設定に細心の注意が必要だ。

理論事例の面白さはまた，筋書きがドラマティックであるかどうか，つまりそのドラマ性によっても決まる。このドラマ性は評価の変化速度によって決まる。図1.4についていえば，始点と終点を結ぶ筋書き線の傾きと変化の大きさによって表されている。傾きが急傾斜になればなるほど，また始点と終点との差異が大きくなるほど，その筋書きのドラマ性が強まる。そして差異と，傾きの傾斜度は，始点と終点のそれぞれの高さとそれらを結ぶ時間経過の長さによって決まる。

またダイエーのように小売業トップを極めた巨大企業が短期間で独立法人として消滅したり，ユニクロなどのように中小企業が比較的に短期間で巨大

企業に成長する過程はきわめてドラマティックである。不幸な結末にいたる物語を悲劇と呼び，その反義語を喜劇と呼ぶとしよう。辞書では，喜劇は悲劇の反義語としてあげられる。しかしその意味内容はまったく対称的というわけではない。日常語の喜劇の意味は，結末の好ましさ以外に風刺，滑稽などの要素を追加的に含んでいるからである。しかし，本書では喜劇を結末にかんしてのみ，悲劇の対極に位置する言葉として使用する。喜劇では祝祭的要素を含み幸福な結末にいたる。この意味では企業の急成長物語は喜劇である。

ダイエー事例のドラマ性は悲劇的であり，ユニクロ事例のそれは幸福な結末を持つという意味で喜劇的である。文学や演劇の世界では，喜劇よりも悲劇の方がより多くの感銘を与える。しかし，経営の世界では悲劇よりも喜劇がより多くの感銘を与え，関心を呼び集めてきた。安定物語には喜劇も悲劇もない。それについて関心が低いのは，そのドラマ性がきわめて低いからである。研究者がその理論概念や仮説を検証するためだけに選択する事例には安定物語に入るものが多い。その事例に対して実務家の関心が低いのはそのためである。

複雑物語

事例をもっと長い歴史時間からみると，複雑な筋書きが現れる。それは単純物語の基本的筋書きの組み合わせからなる。この種の物語形式を複雑物語と呼ぼう。経営事例に現れる複雑物語のほとんどは，図1.5に示すように，盛衰物語，復活物語，あるいは漸進物語のいずれかである。盛衰物語は成功，パクス状態（安定）をへて失敗という筋書きをたどる。パクス状態から再び成功への道をたどる筋書きであれば復活物語になる。漸進物語は緩やかな成功への道を長期にわたり持続的に歩んでいくという筋書きを持っている。

複雑物語の理論事例研究をするには，流通業界は情報産業などとともに，もっとも好都合な事例を提供している業界の1つである。一般的には，複雑な物語は時間的に長い筋書きを持つ傾向がある。時間が長くなると，事例資料が散逸したり，またその収集作業が困難になる。流通業界は浮き沈みが激し

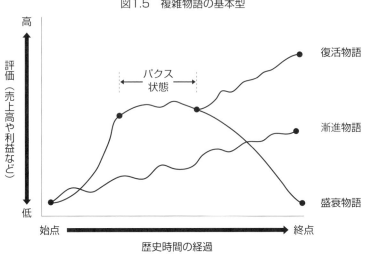

図1.5 複雑物語の基本型

く，今日の中小企業が明日の大企業になる。大企業といえども転落消滅することも多い。他の業界では長い時間を要する変化が短期間で圧縮して現れるので，複雑物語でもその筋書きの全体をつかみやすいといえよう。

　かつての鈴木商店，近年ではダイエー，セゾン，マイカル，そごうなど，盛衰物語の実例となるような企業は多い。その中でも盛衰物語の代表事例はダイエーであろう。復活物語の実例としては，1997年の奥田体制以降の大丸などをあげることができよう。漸進物語の出来事系列には，世間の耳目を引く出来事は少ない。しかし，長期にわたる持続的な企業努力によって徐々に評価を上げ，最終的に最高位の評価を受ける企業に成長する例もある。その代表事例の1つは，いつの間にか日本小売業のトップに躍り出たイオンである。

　理論事例という点からみると，納得性のある物語構成は単純物語より複雑物語の方がはるかに難しい。しかし，理論的な面白さという点からみると，複雑物語は単純物語よりもはるかに面白い。経営理論として興味深い論点がはるかに多く現れるからである。複雑物語での筋書きは，複数の単純な筋書きの複合によって生じている。盛衰物語は成功，安定，失敗という単純物語の複合である。復活物語は成功，安定，成功の物語の複合である。漸進物語は

多くの小さい成功と失敗，そして安定の複合からなると見なすことができよう。

　複雑物語が面白くなるわけはいくつかある。単純物語を複雑な物語の一部として組み込むと，単純物語に新たな意味が生じるだけでない。さらに，これらの複合から単純物語だけでは現れない経営の実務と理論上から見て重要な論点が現れる。

　いくつかの例をあげてみよう。ダイエーの成功物語をダイエーの盛衰物語に組み込めば，その成功物語の意味は単純物語とは異なる色彩を帯びて現れる。成功物語は盛衰物語の悲劇性をさらに強めるものとして現れてくるのである。ダイエーは成功物語よって，日本の流通革命を先導し，小売業トップの座に上り詰めた。きわめて高い評価位置まで上り詰めたのである。

　アリストテレスがその「詩学」[*13]で指摘したように，一般に偉大な行為者の転落の詩集が悲劇であるとすれば，その悲劇性は行為者の評価点が一時的にせよ高いほど強まる。ダイエーの成功物語が日本流通史で燦然と輝いているだけに，かえって成功物語は盛衰物語に位置づけられることによって，盛衰物語全体の悲劇性を高めているのである。

パクス状態と漸進物語

　単純物語としての安定物語は面白くない。安定物語は財務成果の時間的変動が少ない経営サイクルの物語である。成果水準は低い場合は停滞であり，高い場合には以下でいうパクス状態にある。停滞は多くの場合，パクス状態を経過して生み出される。いずれにせよ，安定物語が面白くないのは，変動が少ないためドラマ性がないからである。

　しかし，業界覇権を握るトップ企業など主要企業についての複雑物語の一部として安定物語を組み込めば，独特な意味を持ち面白くなる。とくに，複雑物語の一部としての安定物語の中でもパクス状態はとくに面白い。

　パクス・ロマーナという用語をご存知だろう。大学受験での世界史の勉強

＊13　松本仁助・岡道男訳『アリストテレス　詩学・ホラティウス　詩論』岩波文庫ワイド版，2012年。

でこれを暗記した人も多いはずだ。ローマ帝国はその五賢帝時代（紀元96 – 180年）にその版図を最大限に広げ繁栄と平和を謳歌した。歴史家ギボンはこの時代をパクス・ロマーナと呼んだ。パクスとは平和の意である。日本語でいえば，パクス状態は中国故事に由来する鼓腹撃壌という四字熟語に該当しよう。経営的なパクス状態とは，成長によって業界覇権を掌握した企業が，その覇権の下に安定的で安逸な経営状態にあることをいう。

　いくつかの例がある。高度成長前期にパナソニックの前身，松下電器産業は，ナショナルショップの名の下に全国中小家電店を業界最大数の系列店網に編成した。特定のブランドではなく，洗濯機，テレビ，冷蔵庫といった製品カテゴリーそのものへの旺盛な需要を背景にして，当時の家電メーカーの業績は製品の細かい差別性よりもむしろこの系列店数に依存したのである。ソニーのようにユニークな製品を開発できず，「マネシタ」と揶揄されながらも，松下電器産業はその強力な販売網によって業界トップの座を謳歌した。

　百貨店法（1956年施行）以後の高度成長中期までの三越や大丸もパクス状態にあった。法規制によって競合百貨店の出店が厳しく制約されただけでなく，東京，大阪などへ全国からの大きい人口の社会移動があったからである。同じように，大店法（1974年施行）以後の数年間におけるダイエーもそうである。厳しい出店規制により法施行時点の店数規模序列が固定された。しかも，郊外化によって店舗商圏の人口は急速に増え続けた。商圏内人口が急増するのに，そこへの競争参入は制限されている。これがパクス状態を生み出したのである。

　パクス状態の持続期間は，競争への参入障壁が法規制や流通系列化など制度的・構造的な要因にもとづくとき長くなる傾向がある。しかし，この持続期間が短くなるにつれて，図1.5の盛衰物語の形状は逆U字型から逆V字型に，また復興物語はS字型からV字型の曲線に近づいていくであろう。いずれにせよ，パクス状態としての安定物語が複雑物語に組み込まれると理論的に面白くなる。そのわけはパクス状態が物語の方向の反転域をなしているからである。この反転域が短ければ成功から失敗の転機になり，長ければ安定からさらなる成功や失敗へと向かう転換域になる。

転機の存在は，成功物語が失敗物語の母であることを含意している。失敗が成功によって生み出されるのである。同じように，転換域は成功か失敗のいずれかを生み出す母体になっている。言い換えれば，表面的なあるいは顕在的な成功物語や安定物語あるいはパクス状態は，その潜在過程としてそれまでの筋書きとは異なる筋書きを作り出していく過程でもある。そこには変動がなく静かな表層の下に，次の新しい大きい変動を生み出すエネルギーを秘めた混沌がうごめいている。複雑物語を面白くするのは，この混沌から物語の新しい方向を明確なかたちとして顕在化させていくさいの潜在過程とは一体どのようなものかという問いであろう。

　急成長をしなくても，長期間を取れば覇権企業を生み出すような漸進物語も，あるいは消費者指向の長期的変化の物語なども理論的に面白い事例である。成長，安定，失敗の小さい波動を描きながらも，長期的にみると大きい変化をもたらす事象の背後にはどのようなメカニズムが存在しているのだろうか。漸進物語は経営学でほとんど注目されてこなかったけれども，理論的にも実務的にも興味深い問題を含む理論事例である。

　物語の筋書きについての以上の議論は，経営知識の創造を目指した物語分析の利用の仕方を示唆している。それを要約的に述べると，ポイント1.4のようになろう。

物語分析を利用するさいの注意　　　　　　　　　　　　　　　　　　　　　　　　　ポイント1.4

➢ 物語分析では，何らかの物語形式を含み，ダイナミクスが観察できるように始点と終点を定めねばならない。
➢ 何らかの物語形式のダイナミクスを含まないような期間での事例研究では，複数事例についての，QCAなど比較事例分析が基本的なリサーチデザインとなる。

4. 物語分析の効用

実践効用

　物語分析は実務家にはどのような効用があるのだろうか。この種の効用を実践効用と呼ぼう。実務家の関心の特徴は実例指向と未来志向である。実例指向があるから，実務家は経営事例を読んだり，ケース・メソッドによる訓練を好む。かれらは経営事例に何を求めているのだろうか。それは経営世界で現れる多様な状況での行動の仕方のパターン知識を蓄積するためである。

　これは江戸以来，多くの人が漢文で歴史書を読み，またそれによって教育を受けたことと似ている。日本各地の藩校や家塾では「十八史略」[*14]がこのさいよく使用された。中国の十八の代表的歴史書のダイジェスト版である。そこで語られる故事は，種々の状況パターンやそれにさいしての行動指針を示す成句や格言の源泉になった。たとえば，成句としては酒池肉林，臥薪嘗胆，四面楚歌などがあり，格言としては鶏口牛後，隗より始めよ，背水の陣，虎穴に入らずんば虎児を得ず，などがある。

　実例にせよ，理論事例にせよ，経営事例には何らかの形の物語が含まれている。物語にはこのように行為したからこのような結果になったという物語文が含まれている。それを読んだり聞いたりするということは，その事例で記述される状況とそこでの行為についての一種の追体験である。この追体験も状況の経験蓄積には貢献するであろう。過去の経験が現在の行為指針を与え，それを規制する働きを持つのと同じような効果を，経営事例に期待しているのである。

　しかし，実例においてはこのような因果知識が明確に示されることは少ない。実例は固有名詞の世界に閉じこもっている。そのため，そこに述べられた因果知識は時間・空間を限定された特定世界でのみ通用する。ユニクロの実例はユニクロでのみ働いている因果知識を示しているに過ぎない。時間を超え，空間を超えて他にそれを適用するには，その知識をより一般化しなけ

---

*14　入手しやすいダイジェスト版としては，曾先之，今西凱夫訳，三上英司編『十八史略』ちくま学芸文庫，2014年がある。

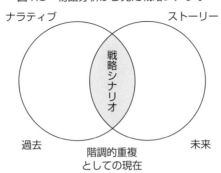

図1.6　物語分析から見た戦略シナリオ

ればならない。

　実例では事件や出来事間の関連が，全体としてかならずしも明確でないので，実例から他にも適用できる因果知識を読み取れる人は，すでにかなり場数を踏んできた実務家だけだろう。物語分析では物語の結末やその原因条件は明確に規定され，それらの因果パターンが明確に解明される。物語分析による理論事例は因果知識の獲得において，実例よりもはるかに効率的である。

　それだけではない。物語分析は実務家の未来志向にかんしても効用がある。未来志向の主内容は未来を予見することである。この予見の主内容は，今後このように行動していけばこのような結果が得られるであろうという予見，つまり経営の未来物語である。戦略シナリオといった手法がこの未来物語を作成するために使われる。しかし，この未来物語は子供が将来について語る夢物語のようなものになっていないだろうか。たんに未来での希望だけにかかわっているからである。

　物語分析の視座からみれば，戦略シナリオは図1.6のようなものである。その特徴は現在を物理的な時間のように一瞬で捉えない。今の時刻より以前は過去であり，以後は未来であるとすれば，現在は時間軸上の1点である。数学上の点と同じく，この時間軸上の点としての現在は位置を示すだけであり，一切の長さを持たず時間幅を持たない。物語分析の視角からいえば，現在は点ではない。それは過去と未来が階調的に重複している期間である。その期

間では過去と未来の色調が階調的に変化している。現時点から以前にさかのぼると過去的要素が強くなり，以後の時間へ移行すると未来的要素が強くなる。だから戦略シナリオは過去のナラティブと未来のストーリーが重なっている領域である。

　物語分析の観点からみると，戦略シナリオは過去と未来の階調的重複領域で作成される。自社事業の過去のナラティブを物語分析すれば，その事業が筋書きから見てどの種の発展軌道上にあるか，成長か，安定か，それとも安定かいずれの軌道上にあるかがわかるだろう。さらに，その軌道上のどのあたりにあるかの見当をつけることもできるかもしれない。このような軌道位置ポジショニングは経営にさいして常に心すべきことであり，物語分析が提供するもっとも重要な情報の1つである。

　これがわかると，物語分析は未来にどのような問題が発生するか，また何に留意して行動すべきかも示唆する。成長軌道上にあれば，成長速度を加速する勢いをつけるにはどのような活動が必要なのか（第2章），パクス状態にあればどのような危機が迫ってくるのか，それにより転機は訪れるだろうか，それへの対応とそのタイミングを外さないためには，何に注意しなければならないか（第3章）。戦略シナリオの作成にさいして，注意すべき問題領域を予見し示唆すること，これが物語分析の実践効用の中心部分である。同種の情報は競争企業や取引先についての物語分析からも得られる。それらは今後の競争戦略や関係性構築の重要な情報を提供するだろう。

理論効用

　研究者にとって，物語分析はどのような効用があるのだろうか。この効用を理論効用と呼ぼう。その最大のものは，経営世界について強く求められている知識を物語分析が創造できるという点にある。強く求められている知識とは，経営世界の中でダイナミクスが支配する領域である。成長，衰退，復活，漸進がみられるところでは，ダイナミクスが働いている。この種のダイナミクスは何よりもまず単独事例におけるダイナミクスとして現れる。経営世界のこのダイナミクス解明という点にしぼって，理論効用を説明しよう。

経営学の目的は経営世界についての知識創造にある。知識は「識」を知ることである。「識」とは人間が外部情報をその性質・内容に従って，種々なカテゴリーに分類して記憶していることである。そのさいカテゴリーは，情報の整理箱になっている。クエという名も魚のカテゴリーの１つである。名前さえ知らない人は多い。名店の板前や魚グルメの人は名前だけでなく，産地さえ問題にする。どこでとれたかによって，「五島列島産」，「高知沖産」「和歌山沖産」など，さらに詳細なカテゴリーに分ける。

知識は外部情報をどのカテゴリーに入れるか，既存のカテゴリーがない場合には新しいカテゴリーをどう作るか，などについて情報処理の能力を身につけていることである。知という漢字の部分はそれを端的に表す。「口」は言葉，つまりカテゴリーを表し，「矢」は次々にという連続を表す。だから早口の人は知に優れ，賢いということになる。経営世界についても，知識創造すれば経営を語るカテゴリーがより詳細にまた体系的になり，それらへの外部情報の処理に熟練することになる。

物語分析による理論事例は，どのようなかたちで経営知識の創造に貢献するのだろうか。計量的方法との対比で見ていこう。計量的方法による経営研究の代表は，統計手法による実証研究であろう。この種の計量研究は科学的方法による研究として学会などで広く認められている。また計量研究する人は経営を「科学している」と自負する人も多い。そして，事例研究などは科学でも理論でもないという批判をよく口にする。

この種の信念の源流は，遠くデカルトやガリレイに端を発した近代科学の誕生にある。それは自然を対象化して論理的で，客観的でかつ普遍的な理論を作ることに成功した。主張が首尾一貫していること，誰でも認めざるを得ない明白な事実であること，そしていつでもどこでも適用できる理論であること，これらが科学と呼ぶ知識の要件として要求された。科学知識についてのこの考え方はその後，経済学，社会学，心理学，政治学などにも持ち込まれ，社会科学と称されるようになった。経営学での計量的手法による研究もこの流れの末端にある。

しかし，計量的方法によって経営世界についてのすべての科学知識が生み

出されているのだろうか。統計手法を使えば，その発見物の論理性や客観性は事例研究よりも高くなるようにみえる。しかし，それは普遍的な知識だろうか。統計的方法で得られた経営知識はほとんどの場合，特定の歴史期間でしか当てはまらず，また特定産業や特定国など限られた空間域だけに当てはまり，通用する範囲が限定された知識である。

これが生じる主要な原因は2つある。1つは自然界と異なり，経営世界がはるかに短期間でその性質を変えることである。ある時期に通用した経営法則は現在では成り立たない。たとえば，流通企業にとってのもっとも基本的な戦略ともいうべき業態を取り上げてみよう。選択した業態によって，流通企業の活動は制度化されて長期的に構造化される。

一昔前までは百貨店や総合量販店（GMS）が流通での覇権を握るための主要業態であったが，その後コンビニに変わり，さらにネット通販に変わろうとしている。たとえ業態の競争優位性について，統計的方法にもとづく実証法則であっても，それはそのデータが取られた時期に制約された限定法則に過ぎない。

もう1つの原因は，データが収集されたその母集団にある。企業についても，消費者行動についても，経営学における計量研究のほとんどはそのデータ収集の母集団にかんして無神経である。計量的手法を使っていても，この種の研究はその母集団が限定されていたりまた明確でないかぎり，多数標本データにもとづいていても，発見物の適用範囲が時間的・空間的に制約されたマクロ事例としての性格を色濃く持っている。

たとえば，首都圏在住の消費者からデータ収集したとしよう。それにもとづく計量研究の発見物は全国の消費者に適用できるのか。任意に選ばれたいくつかの産業データにもとづく企業行動についての発見物は，どの範囲（たとえば産業）にまで適用できるのか。これらの発見物のほとんどは適用範囲を限定された知識である。

経営の実証研究で使われる統計手法の大部分は，線形加法モデルを前提にした統計手法である。回帰分析，因子分析，共分散構造分析などがこれにあたる。また時系列データが入手困難なので，ひとつの時点や年度などの特定

期間でのクロスセクション・データが使われる。これらの制約のために，経営についての計量研究は経営世界との対応でみると，その一部しか研究対象として捉えていない。それは変化が比較的少なく，すでに均衡状態に達しているような成熟領域である。これらの領域では，統計データベースの整備により分析に十分な標本数が確保できたり，また質問票などによるサーベイさらにはビッグデータ蓄積が容易になる。

　たしかに，これらの領域では計量手法は研究用具としてきわめて強力である。それによって，データに潜む規則的パターンをかなり正確に析出することができよう。しかし，経営世界にはこれらの領域以外に動態的に変化し，ダイナミクスの支配する領域が絶えず拡大している。経営世界の中で科学的知識を得ると称して，この安定的で成熟した領域のみを研究対象に選び，またその方法として計量的方法に固執して，その遵守に従わないことを研究方法論として禁制化すれば，どうなるだろうか。

　この方法を適用しやすい領域だけが研究対象として選ばれるだけである。テーマよりもむしろ分析技法の適用容易性によって，あるいはデータ収集の容易性にもとづき，研究対象が選ばれることになる。その結果，この種の研究はかつてミルズが警告した「抽象化された経験主義」[*15]の産物を作り出すに過ぎない。それは動態的な経営の現実からの逃避以外の何物でもない。この傾向が続けば，経営世界が動態的に変化していけばいくほど，その理論知識は経営世界の中心部の変化から隔絶されたガラパコス諸島を作ることになる。それに満足しているのは象牙の塔にこもる研究者だけである。

　他の多くの科学と比較すれば，経営学には際だった特徴がある。それは理論の利用者が研究者や専門家だけでなく，その周辺に実務者など非専門家にまで広がっている点だ。経営学が実践科学であるといわれる所以である。この周辺利用者の関心は動態的に変化する生きた経営世界にある。研究者がガラパコス諸島に固執すれば，研究者が捉える経営世界は，生きた経営世界からますます隔絶され，まさに象牙の塔と呼ぶにふさわしくなるだろう。

＊15　C.W.Mills, *The Sociological Imagination*, Oxford University Press, 1959.（鈴木広訳『社会学的想像力』紀伊國屋書店，1965年）

経営世界のダイナミクスが何よりもまず単独事例のダイナミクスとして現れてくるかぎり，それを実証的に捉え理論化できる方法は，今までのところ物語分析しかない。物語分析は，研究者が経営世界での先端的なダイナミクス研究を目指してガラパコス諸島から脱出するさいの不可欠な羅針盤である。

第2章
経路依存を発見せよ
－単純物語分析の基本視点－

出来事年代記のような出来事データが揃っても，それから直ちに物語の筋書きができるわけではない。事例研究では通常，関連する出来事数は多く，また多様であり錯綜している。多くの人は出来事の洪水の中でおぼれてしまう。まさしく，「木を見て森を見ず」ということわざが当てはまる。木（個々の出来事）から，森（物語の筋書き）の姿を見抜ける人は，その事例分野について実務や理論の知識を持つ人だけであろう。

　そのわけは，これらの知識によって，出来事系列の全体にいくつかの仮説をあらかじめ持つことができるからである。出来事系列は，出来事が始点から終点にかけて時間的にどのような順序で生じたかということであり，これらが物語の筋書きを構成する。この筋書き仮説によって，個々の木を見ながらも森の姿を思い描くことができるのだろう。かれらの頭脳では，個別と全体との複眼的な思考が働いている。個別の出来事から全体イメージを形成すると同時に，全体イメージの仮説から個別の出来事を見ているのである。

　しかし，その事例の経営世界について実務経験も理論知識も十分でない人は，どのようにすればこの複眼的な思考ができるようになるだろうか。重要なことは筋書きについての何らかの仮説イメージを事前に持つことである。それに照らして，各出来事の詳細を丹念に調べる。仮説を支持する証拠があればその仮説についての信頼を高め，逆に仮説に反する証拠が出てくれば仮説を徐々に修正していく。このような作業の繰り返しを通じて，筋書きの仮説イメージが固まっていく。

　物語分析では事前の仮説イメージの設定を助けるいくつかの基本概念がある。この概念は第1章で述べた物語形式，つまり単純物語と複雑物語では若干異なっている。物語形式からいえば，単純物語は成功物語か失敗物語あるいは安定物語のいずれかである。それらのうち，単純物語の経営事例としては成功物語が中心になろう。安定物語や失敗物語は単純物語の経営事例として重要ではない。

　安定や失敗の物語が経営事例として重要な意味を持つのは，それらが次のようなコンテキストで語られるときである。安定物語は長期にわたる物語として漸進物語の色調を帯びるとき重要になる。また失敗物語はベンチャー企業がす

ぐに失敗したといったごく単純な物語ではなく，かつて成功を極めた企業が失敗したという盛衰物語の一環として語られるとき重要な意味を持つ。これらについては後の章で取り扱うことにして，本章では単純な成功物語に焦点を当て，その出来事系列についての事前仮説の設定を助ける基本概念を検討しよう。

1. 単純物語での焦点

成功物語に注目せよ

　単純物語は安定，失敗，そして成功の物語からなる。安定物語にはドラマ性がない。失敗物語は経営理論としては重要な事項を多く含むけれども，とくに大企業が転落・衰亡していく物語でなければ，安定物語と同じようにドラマ性がない。大企業における新規事業や新製品開発の失敗は多くあるけれども，これらを事例研究するにはデータを入手できるかどうかの壁がある。誰も失敗を進んで語りたがらないから，大企業での失敗事例の多くは闇から闇に葬り去られていく。

　単純物語の中で経営事例研究の対象として，もっとも注目すべきは成功物語である。大企業による新製品や新規事業の成功については，新聞アーカイブはじめ，多くの資料を得られることが多い。しかも，成功物語はイノベーションや新しいビジネスモデルなど重要な経営事項を含んでいる。しかし大企業の成功物語よりもさらに注目すべきは，急成長によって比較的短期間の間に大企業になってしまった企業の成功物語である。

　流通業界では急成長の持続により比較的に短期間で大企業に成長した事例が多い。1960年代から70年代にかけては，総合量販店をチェーン化したスーパーの急成長が目立った。ダイエーはじめ，ジャスコ，ニチイ，イトーヨーカ堂，ユニーなど，それまでの中小商店から出発してわずか十数年で長い社歴をもつ百貨店を追い抜いた。

　80年代から90年代にかけては，コンビニの急成長があった。セブン-イレブン，ローソン，ファミリーマートなどである。これらの企業はPOSネット

ワークの情報武装により，それまで中小最寄店の温床であった近隣商店をもっとも近代的な流通グループに変えてしまった。コンビニは21世紀初頭にはスーパーを抜き流通産業の覇者になった。

同じ時期に，種々な商品分野で中小商店から出発した専門店企業が台頭した。ユニクロ，青山商事，しまむら，ニトリ，ヤマダ電機，大創産業（百円ショップ）などである。これらの専門店も継続的な急成長によりまたたく間に，代表的な流通企業に成長した。

メーカーにも短期間で大企業に飛躍した成功物語がある。その一例は任天堂であろう。長い間，花札の中小メーカーであったが，70年代にゲーム機に進出し90年代には松下，東芝，日立の御三家と渡り合える家庭用電器器具メーカーに成長してしまった。その成長速度は驚異的であった。同じように，前世紀末から今世紀になると，ウェブ・ビジネスの分野で創業後の短期間で急成長する企業群が輩出した。ソフトバンク，楽天，グリー，コロプラなどの企業である。

以上のような企業の成功物語は，長い間にわたって経営世界を支配してきた通念を完全に神話化した。その通念とは大企業と中小企業に間には深くて暗い溝があるという通念である。大企業は永遠に大企業であり，中小企業は永遠に中小企業である。2重構造ともいわれた大企業と中小企業の構造的格差は，以上のような企業の成功物語によって少なくとも部分的に神話化しつつある。これらの事例は単純成功物語としては，実例としてだけでなく経営理論的にももっとも興味深い事例であろう。

成功物語は経路依存がつくる

輝かしい成功はどのようにして実現したのだろうか。その物語の筋書き仮説を作るさいに，もっとも重要な概念は経路依存（path dependence）[1]であ

---

[1] W. B. Arthur, *Increasing Return and Path Dependence*, University of Michigan Press, 1994.（有賀祐二訳『収益逓増と経路依存―複雑系の経済学』多賀出版, 2003年), D. C. North, *Institutions, Institutional Change and Economic Performance*, Cambridge University Press, 1990.（竹下公視訳『制度・制度変化・経済成果』晃洋書房, 1994年）

る。物語の終点にいたる経路依存的な出来事系列を発見せよ。これは成功物語の筋書きを見つけるさいにまず心がけるべきことである。

ここでの経路とは何か。その意味は英語でいうチャネル（channel）ではなく，パス（path）である。日本語での経路という用語は，英語のチャネルあるいはパスに対応する。チャネルは流通経路（distribution channel）などのように，商品がその中を流通する通路を意味する。これにたいして，パスは小道，進路などの訳語が当てられるが，経路依存というときの経路は進路の意であり，出来事が生じた時間的順序を意味する。出来事が行為者の活動によって生じているときには，その活動の時間的な足跡である。

経路依存での経路は，物語での結果を生み出す出来事系列からなる。系列の各出来事は経営サイクルがその環境と相互行為する過程で生まれる。経営サイクルがフロント・フォーマット，バック・フォーマット，財務成果という3局面を持ち，それらが戦略によって統合されているから，出来事を3局面に分けたり，この局面レベルと戦略レベルに分けて，出来事の系列をみることもできよう。その場合，経路依存での経路は複数になったり，あるいは階層的構造を持つものとして認識されることになろう。

従来開発されてきた経路依存の概念には，このような経路の複合性や階層構造の問題は含まれていない。この概念はもっぱら特定経路とそれが生み出した結果との関係を取り上げている。その場合，経路依存とは，輝かしい成功といった物語の結果が，出来事の生じる時間的順序（系列）で決まるということである。

「歴史が重要である」。これは経路依存の議論に共通したスローガンである。注意すべきは，そこでいう歴史はたんなる過去ではないという点にある。経路依存は，過去の出来事が物語の結果を生んだという，ただの過去依存とは異なる。経路依存の考え方は，過去に生じた出来事を精査し，それらがどのような順序で生起してきたかに着目する。いわば過去の出来事の経緯（時間的構造）が結果を決めると考えるのである。

成功物語の筋書き仮説を設定する上で，なぜ経路依存の概念が役立つのだろうか。そのわけは，成功物語のようなきわめて動態的な出来事系列が生成

してくる過程の特質を経路依存の概念が提供してくれるからである。経路依存は成功物語のどの側面に分析の焦点を置くべきかを教えてくれる。概略的にいえば，経路依存は偶然により生じたかもしれない小さい出来事から大きい出来事が生まれる筋道の理論である。この筋道は成功物語がどのように進行するかのパターンである。

経路依存の具体例

　経路依存のイメージの具体例をあげよう。経営事例での成功物語は，企業の急成長，新製品や特定技術あるいは新しい小売業態の急速な普及，特定消費者指向の急速な拡大といった急成長現象を内容とすることが多い。たとえば創業後わずか十数年でダイエーが老舗の三越を抜いて日本小売業売上高トップの座を射止めた1972年のミクロ流通革命の事例を取り上げてみよう。この事例で72年度ダイエー売上高が日本小売業のトップになったという最終結果は経路依存の産物である。表2.1はその足跡を示すものである。

　その経路の主要な出来事は3つある。1つは，ダイエー2号店としての三宮出店である。これによって廉売型のセルフサービスが創業店の薬，雑貨だけでなく，食品，衣料，家具など他の商品分野にも広く適用できることを知る。第2に，三宮店を改装・拡大した新三宮店（1960年）で総合量販店という新フォーマットを確立したことである。そして第3は，本部組織を確立して同種店舗の全国各地へのチェーン展開を行ったことである。

　新三宮店は破壊的な価格訴求を武器に，生活用品を衣食住にわたり総合的に取り扱う日本最大のスーパーとして出現した。その価格訴求により店舗に多くの客が殺到した。62年には，ダイエーはこの種の店舗をチェーン展開するため，本部を西宮に完成させる。そこで価格訴求の基盤になる大量集中仕入れ体制を確立した。そのための商品本部やその他の本部機能，物流センター，コンピュータ・センター，食肉加工センターが集約された。

　ミクロ流通革命の特徴の第1は，初期における売上高の爆発的な昨対成長率である。総合量販店フォーマットの確立という初期の過程では，成長率そのものが増加した。その後になると，成長率は低下するが，産業標準からみ

表2.1 ミクロ流通革命にいたるダイエーのチェーン展開

年度	店数	売上高（百万円）	昨対成長率%	1店あたり売上高（百万円）	備考
1957	1	31		31	
1958	2	209	574	105	三宮店
1959	2	1,421	580	711	
1960	3	3,167	123	1,056	新三宮店で総合量販店フォーマットの確立
1961	6	7,720	144	1,287	
1962	6	11,926	54	1,988	西宮本部完成
1963	11	18,377	54	1,671	全国チェーンを目指して福岡へ出店
1964	20	26,642	45	1,332	東京，岡山，四国に出店
1965	20	32,899	23	1,645	
1966	23	39,225	19	1,705	
1967	29	51,562	31	1,778	
1968	34	72,107	40	2,121	大阪府香里に日本初の本格的郊外型SCをオープン
1969	44	91,602	27	2,082	全国へ多店舗展開始まる
1970	58	143,662	57	2,477	
1971	75	207,113	44	2,762	
1972	90	305,198	47	3,391	三越を抜き小売売上高トップ

データ源：「ダイエー行動年代記」[*2]。

ると依然として高水準を長期間維持し続けた。1店あたり売上高の推移が示すように，同じような店舗がチェーン展開されていったことを示している。

68年以降に，この数値が一段と増加するのは郊外型SCが増えたせいである。このようなチェーン展開により，ダイエーは驚くべき売上高成長率を十数年にわたり維持した。ミクロ流通革命はこの結果である。それを生み出した経路依存的な出来事系列とは，全国各地への総合量販店のチェーン展開と

＊2　ダイエー創業者の中内㓛は，社長室に命じて，同社の行動足跡を克明に記録させていた。行動記録は総論と商品分野別のフードライン，ソフトライン，ハードラインに分けられ，1957年4月から2001年11月まで及んでいる。筆者はこの記録を中内㓛がダイエーを去った直後に同氏から提供された。以下でこの記録を「ダイエー行動年代記」と呼ぶ。

いう出来事系列である。

　流通業界では急成長の持続により比較的に短期間で大企業に成長した事例が多い。60年代のスーパー業界では，ダイエー以外にもイトーヨーカ堂，西友，ジャスコ（イオンの前身）などがあり，70年代ではコンビニでセブン-イレブン，ローソン，ファミリーマートが急成長した。80年代の後半から90年代にかけては，ユニクロ，青山商事，しまむら，ニトリ，ヤマダ電機，大創産業（百円ショップ）などの専門店の急成長が目立っている。これらはいずれも，その急成長の初期には収益逓増型の爆発的な売上成長率を示し，その後は同種店舗のチェーン展開によって高い成長率を維持し続けたという点で共通している。この種の経路（出来事系列）が成功物語の主要な筋書きである。

2. 経路依存の発見

経営世界での経路依存の指標

　成功物語の多くは経路依存と呼ばれる出来事系列を筋書きにして作り出される。経路依存とはどのようなものだろうか。物語分析での筋書き仮説の設定に利用するには，この概念の内容を正確に理解しておかねばならない。

　経路依存は多くの側面を持つ概念である。それは経済学でまず登場し[3]，まず技術の発展や産業立地パターンの説明などに利用され，次に経済制度の発生と変化の分析にも拡張された[4]。その後に歴史学，政治学，社会学などの分野でも複雑な現象を解明するさいの不可欠な概念として広く利用されるようなる[5]。各分野が対象とする経験世界の特質に対応して，この概念の特定の側面が強調されてきた。そのため，経路依存の全体像を見通しにくい。

---

*3　W. B. Arthur, *op.cit.*, 1994.
*4　D. C. North, *op.cit.*, 1990.
*5　J. Mahoney, "Path Dependence in Historical Sociology", *Theory and Society*, Vol.29, 507-548, 2000.

しかし，経路依存とは何かについて多分野にわたる共通理解が形成されつつある。それに照らして，経営世界での成功物語を念頭に経路依存を全体としてみると，3つの段階からなる過程である。前成期，形成期，そしてロックイン期である。前成期では過程の発端になる出来事が多くの方途からの選択の結果として生じる。形成期では同じような行為が反復され同種の出来事が再生累積していく。そして，ロックイン期ではその種の行為が支配的パターンになり，異種行為よりも優先して選択される。その結果，同じような出来事が安定的に繰り返し生じることになる。

　経路依存について注意すべきは，前成期の出来事が最終結果を決めてしまうという物語ではない点にある。最終結果を決めるのは，前成期の出来事が反復再生されて進化していく過程そのものである。経路依存を1つの物語としてみれば，結末を決めるのはその発端ではなくて，それをきっかけにして物語が展開していく過程そのものである。成功物語が経路依存の産物であるかどうか。それを判断するために，経路依存の過程全体を捉える指標の枠組みが必要であろう。ポイント2.1はそれを示したものである。

経営世界での経路依存の指標　　　　　　　　　　　　　　　　　ポイント2.1

▶経路依存の全過程の段階構成
　最終結果（成功）にいたる出来事系列を，経路依存の前成期，形成期，ロックイン期に分けることができるか。
▶前成期：起動出来事の発生
　多様な行為選択が可能な状況で，最終結果に重要な影響を与えた最初の選択がなされたか。この選択によって経路依存が始まるきっかけになる起動

＊6　経路依存の主要概念は多様に解釈されている。その最大の原因は，経路依存分析での分析者の時間フレーム（過程をみる時間範囲）が恣意的であることによる（cf. R.Garud et al., "Path Dependence or Path Creation ?", *Journal of Management Studies*, 47: 4, June 2010）。成功物語を念頭に置くのはこの時間フレームを確定し明確にするためである。
＊7　J. Sydow and J. Koch, "Organizational Path Dependence: Opening The Black Box", *Academy of Management Review*, Vol.34, No.4, 2009. L.Dobusch and J.Kapeller, "Striking New Paths: Theory and Method in Path Dependence Research". *Schmalenbach Business Review*, Vol.65, July 2013.

出来事が生じる。
- ➢形成期：同種出来事の再生
  起動出来事を生み出したのと同じ行為が反復遂行されて、同種出来事が再生され累積していくか。
- ➢ロックイン期：支配的行為パターンの確立による出来事系列の安定
  同種行為の遂行が支配的パターンとなり、行為選択の幅が限定され、同じような出来事が安定的に繰り返し発生しているか。

前成期の識別

　前成期は経路依存が始まる前夜である。その期間では行為者には多くの選択肢があり、岐路に立っている。それを生み出すのは行為者を取り囲む状況要因の多様性と流動性である。ダイエーのミクロ流通革命でいえば、1957年から1960年までの時期である。

　この時期に高度成長が始まり、都市への大量の人口社会移動が行われた。大衆の所得は急速に増加していったが、それを衣食よりも住関連に傾斜的に向けた。多額の借金をしてまでもマンション、テレビ、電気洗濯機、電気冷蔵庫を購入しようとした。その分だけ、食、衣については価格志向を強めた。それに対応して、廉売が盛行し、人件費負担を軽減するセルフサービス店が増加し始めた。[*8]

　ダイエーの1号店は大阪の千林店である。売場面積97㎡の小型のドラッグストアであった。しかし、その破壊的廉売によって売上は1日百万円を突破するほどの大成功を収めた。その利得を元に、58年には神戸三宮に2号店を出した。当初の品揃えは千林店と同じであった。

　しかし、廉売の盛行、種々な分野でのセルフサービス店の出現など流通技術変化と急成長する消費市場という状況に直面して、中内功にはその業態にかんして多くの選択肢があった。品揃えをどの範囲まで拡張すべきか、セルフを導入すべきか、廉売を主要な訴求手段として続けるべきか、マーチャン

＊8　当時の消費市場状況については、田村正紀『消費者の歴史』千倉書房、2011年。

ダイジングの仕組みをどうすべきか，多店舗展開をすべきかなどである。複数の選択肢があり，どれがよいかの実験が可能ならば，前成期にはそれが試みられるだろう。

　かれは59年にセルフ方式を導入する。品揃えにかんして薬品・化粧品に加え，日用品，牛肉など精肉，ハム，ソーセージ，菓子などの食品，衣料品についてセルフ方式の廉売がうまくいくかどうかを次々に実験する。その過程でロス・リーダー（廉売品）がプロフィット・リーダーであることに気づく。廉売品で店舗吸引した客が粗利の大きい商品も同時に購買していくからである。品揃えの広い総合量販店の基本的な収益構造である。こうして新三宮店の総合量販店フォーマットにたどり着くのである。これが経路依存を始動する起動出来事になる。

　前成期では企業はしばしば未来に向かっての岐路に立たされる。岐路を生み出す主因は，技術革新，需要や競争など市場環境変化，法規制の変化などであろう。これらはマクロ事象としては将来に向かって一定のメガトレンドを作り出していく。たとえば経済が成長軌道に乗れば市場規模はますます拡大するだろうし，グローバル化が進行すれば国際競争は激化するだろう。革新的な技術変化が起これば，市場や企業の費用構造に大変化が生じる。個別企業もマクロ変化の潮流に巻き込まれ，その方向に順応しなければならない場合もあろう。

　しかし，これらのマクロ・トレンドは企業の進路を決定論的に決めるわけではない。マクロ的な変化が大きく多様であるほど，企業の対応の選択幅が大きくなるかもしれない。企業が持つ経営資源（ヒト，モノ，カネ，情報，組織）の使い方によって多様な対応ができるからである。これが岐路である。岐路では，マクロ変化によって企業に多様な機会と脅威が発生し，それらにどう立ち向かうかにかんして選択肢の広い幅がある。どの選択肢を選択するかによって，その後の進路とそれが生み出す最終結果が大きく異なってくる。

　経済学では技術発展や産業立地を念頭に置いた経路依存の議論が多い。この種の議論では，起動出来事は偶然に生じた出来事や小さな出来事であることを強調する。このような出来事が経路依存によって大きい結果を生むとい

う。たしかにこのようなことが経営世界でも生じることがある。中小企業が短期間で大企業になるといった成功物語では，この種の出来事が起動出来事になることが多い。

　経営世界では偶発的に多くの人の予期しない事態が数年おきに発生して経営を直撃する。その原因には，外的あるいは内的なショックと呼べる出来事がある。社会経済構造の大変化，天変地異，あるいは企業犯罪など様々だ。1950年代後半の高度成長経済への突入，90年代初頭のバブル経済の崩壊は社会経済構造の変化によるものである。天変地異の例としては阪神大震災や東日本大震災があった。企業犯罪なども，犯行者以外は発覚するまで知るよしもない。商品の偽装，商品テストデータの改竄，粉飾・不正経理などは，企業の社会的信用を失墜させ，企業を窮地に追い込む。これらも企業を岐路に立たせる要因である。

　また，後に企業の大躍進を支える新製品や新フォーマット店舗といったミクロ的な出来事も，いわば偶然の出来事として産声を上げる。ソニーのウォークマンは世界の若者文化を変えた。しかしその誕生は若いエンジニアの遊び心がきっかけであった。かれが小型カセットプレイヤーを改造して自分専用に使ったことが始まりである。[*9] 新三宮店での総合量販店フォーマットの確立，セブン-イレブンでのPOSの全店導入は，中内㓛や鈴木敏文の企業家精神で作り出された。しかし中内㓛や鈴木敏文の登場といった企業家精神あふれる特定経営者の登場それ自体は，流通システム全体からみれば，理論的に説明のつかない偶然の産物である。

　セブン-イレブンの1号店は，後に日本コンビニの標準フォーマットになった。しかしその誕生は東京江東区の工場街で商売をしていた酒販店の改造店であった。同じように，ダイエーの新三宮店は神戸の都心であったし，ユニクロの1号店は広島市中区袋町である。流通イノベーションは，東京，大阪といった大市場ではなく，それらの中心からみればいわば辺境での小さな出来事であった。まず辺境で生まれる流通イノベーションは多い。辺境で生

---

*9　黒木靖夫「ウォークマン」，水牛くらぶ編『モノ誕生「いまの生活」日本人の暮らしを変えた133のモノと提案1960-1990』晶文社，1990年。

まれた小さな出来事が，後で社会的にみれば大きい結果を生むことになった。

　しかし，少なくとも経営世界では，起動出来事はかならずしも偶然に生じた小さい出来事であるとは限らない。たとえば，ビデオ規格としてのVHSの普及も経路依存の一例であるが，その起動出来事は米国企業RCAと松下（パナソニック）の戦略提携であった。それはソニーのベータを打ち負かすべく松下が行った意図的な戦略行動であった。大事件としてこの提携を推進した両者トップ・マネージメントの写真が，1983年3月の世界最大の国際週刊誌『タイム』の表紙を飾ることになった。

　偶発的で小さい事件であるということは，経路依存の議論でしばしば強調されてきたが，それは経路依存の起動出来事の必要条件ではない。経営世界では，起動出来事は小さくも大きくもある。起動出来事の大小は成功物語の主体の規模によっても異なる。またその出来事を企業行動といったミクロで捉えるか，流通システムや市場といったマクロの観点から捉えるかによっても異なってくる。

　また偶発的でも必然的でもある。これも成功物語の主体についての出来事か，それともその環境についての出来事かによって異なろう。後者の場合は偶発的であることが多い。主体の活動によって生じる場合には，意識的な戦略である。しかしその場合にも出来事要素のどの側面にかかわるかによって異なってこよう。

　たとえば，店舗立地など場所的要素はしばしば偶発的要素に支配されることが多い。ダイエー，ユニクロ，セブン-イレブンの1号店の立地場所はその例である。いずれにせよ，起動出来事の大小や必然か偶然のいずれの産物であるかによって，経路依存過程がどのような速度で進行するか，またそれが収益から見てどれくらいの最終結果を生み出すかといった経路依存の姿は変わってくる。

　以上を要約すれば，前成期についての物語分析の焦点はポイント2.2のようになろう。

| 前成期の焦点 | ポイント2.2 |

➤どのような状況要因によって，行為者は多くの行為選択肢に直面しているか。
➤成功物語の行為者はどのような選択をしたのか。つまり起動出来事は何か。
➤その結果生じた出来事は小さい出来事か大きい出来事か。また行為者の意図による必然の産物かそれとも偶然的要素を多く含む結果か。

形成期の識別

　形成期は経路依存がその姿を大きく現してくる時期である。成功物語からいえば，成功にいたる主要経路の姿が次第に明確になっていく時期である。形成期の特徴は，特定の活動パターンの反復である。それによって同種の出来事が次々に再生され始める。物語の筋書きを元に引き返すことが次第に困難になる。経路依存の観点からいえば，行為選択の幅が次第に狭められていくことになる。

　ダイエーのミクロ流通革命でいえば，1962年から68年の時期が形成期に該当しよう。この時期の主要な出来事は2つある。1つは62年における西宮本部の完成であり，他の1つは総合量販店のチェーン展開である。すでにその前年にダイエーはそれまで未分化であった販売と仕入業務を分離し商品部を確立していた。集中仕入れを遂行するためである。西宮本部はこの商品本部を中核に食肉加工センターも持っていた。さらに物流センター，コンピュータセンターや他の本部機能も併置するものであった。それはチェーン展開の司令塔になることを予定されていた。

　総合量販店のチェーン展開にかけるダイエーの戦略的意図は明確であった。それを本部完成の翌年の1月，朝日，神戸の2新聞への全面広告で世間に周知した。それは「太く短いパイプで消費者の皆様に直結」というものだった。ダイエーのミクロ流通革命宣言である。その達成に向けて，主要な道筋ビジョンを明確に描いていた。

　形成期の物語分析では何が焦点になるのだろうか。それは何が同じ行為パターンの反復を促進し，同じ出来事を再生させるのかという点である。形成期の特徴は出来事再生の強化メカニズムが形成される点にある。技術，産業

立地，社会や政治の制度，経営組織などの領域での経路依存の議論では，出来事再生の強化メカニズムとして，相互に関連しているがかならずしも同じものではない一連の要因が指摘されてきた。経営世界での経路依存もこれらの要因にかかわっている。この要因リストはポイント2.3に示すようなものである。

出来事再生の強化メカニズム ポイント2.3

➤**収益逓増**
　出来事再生（同じ活動）が反復されるほど，財務成果などその見返りが増加していく。
➤**正のフィードバック**
　ある活動をすることが，次回にも同じ活動をすることを強める。
➤**自己強化組織の発生**
　ある活動が成功すると，その活動持続を奨励しようとする勢力や組織機構が導入される。

収益逓増（increasing return）は，出来事再生（同じ活動）が反復されるほど，その見返りが増加していくことである。特定期間での収益とは出来事（活動）の見返りである。出来事の観点からいえば，見返りは活動の目標として設定される。見返りの内容は，企業活動を例に取れば，多くの場合に財務成果にかかわっている。売上高や利益などの増加のこともあるし，費用が削減されるという形を取ることもある。あるいは市場シェアや利益率など，他の成果指標が見返りとして意識されることもあろう。

収益逓増は活動とその見返りから強化メカニズムを見ている。この見方はとくに経済学での適用に多い。そこでは収益逓増がもっと特殊な意味で使われる。活動量増加に伴う収益の増加分（限界収益）が増加していくという意味で使用される。図2.1にそれを示している。このさい活動単位あたりの収益が増加することになり，活動がますます効率的になる。しかし，変化パターンにはこれ以外に収益一定や収益逓減がある。

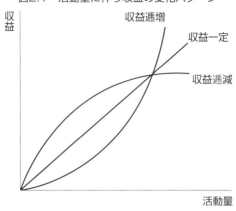
図2.1　活動量に伴う収益の変化パターン

　収益逓増はしばしば経路依存と同義に使われる場合が多いが，両者は同じものではない。また，収益逓増だけでなく，収益一定や収益逓減も，出来事再生の強化メカニズムとして働く。[*10] 経営世界では戦略維持や同じ活動反復にかんして，収益逓増だけをその目的や動因とはしない。見返りが行為者の設定する目標水準を超えるかぎりその活動や戦略は維持される傾向がある。収益逓増でなくて，収益一定や収益逓減であっても，見返りが目標水準を上回ればよいのである。

　正のフィードバックは，ある活動をすることが，次回にも同じ活動をすることを強める。逆に負のフィードバックはある活動がさらにその活動を続けることを弱める。たとえば水を十分に飲めば，さらに水を飲もうとはしない。正のフィードバックは活動の時間的連鎖から強化メカニズムを見ている。だから，正のフィードバックというメカニズムは，収益逓増や自己強化の別の見え姿であることが多い。

　しかし，経営世界では正のフィードバックそのものが出来事再生のメカニ

---

*10　S. E. Page, "Path Dependence", *Quarterly Journal of Political Science*, 1, 87-115, 2006. L.Dobusch and E.Schüßler, "Theorising Path Dependence: a Review of Positive Feedback Mechanisms in Technology Markets, Regional clusters, and Organizations", *Industrial and Corporate Change*, Vol. 22, No. 3, 617-647, 2012.

ズムとして働く場合がある。とくにそれは消費者行動での出来事再生を説明するメカニズムになる。いわゆる飲み助にとって，酒を飲めばさらに飲みたくなる。ファッション指向が強い若い女性は，バッグを買えばさらに別のバッグが欲しくなり，靴を買えばさらに新しい靴が欲しくなる。海外旅行好きの消費者では，1つの旅行体験が次の旅行体験への欲望をさらに強める。正のフィードバックは，市場の特異性を解明するさいの有力な概念になる。

　自己強化メカニズムは，社会学，政治学などの領域で制度の創成や変化へ経路依存の考え方が適用される場合に利用される強化メカニズムである。そのさい活動の見返りは量的な成果ではなく，制度の機能，権力，正当化などの向上といったことが念頭に置かれている。これらによって制度を維持しようという活動が自己強化である。

　経営世界でも自己強化メカニズムが組織現象などによく現れる。日本企業の中には，同族会社でなくても，経営トップである会長・社長が次期社長の指名権を持つ企業が少なくない。この種の慣行が制度化して繰り返していくと，トップの権力はますます強化されていくだろう。また国の産業公共政策や規制では，その継続はその法規制の機能強化が見返りになる。中元・歳暮など贈答慣行の継続はこの種の行為をますます正当化し，消費者行動を支配する消費価値観の強化に繋がっていく。

ロックイン期の識別

　ロックイン期は経路依存の最後の段階である。行為選択の幅がさらにいっそう狭くなり，定型的な行為パターンの反復により同種の出来事系列が固定化する。経路依存の主張では，この点を強調してロックイン（閉じ込め）という。その出来事系列が一定の方向性に閉じ込められて，そこから外に出られなくなるということである。

　経営世界で自己強化されるのは，マクロ的な環境にかかわる出来事ではなく，主として行為者の活動による出来事である。行為遂行で生じる出来事には，行為の種類，対象，相手，場所，目標，時間といった側面がある。これらのうちで再生の主要な対象になるのは行為種類である。店舗開発にさいし

て，総合量販店を開発し続けるという出来事系列がこの例である。またメーカーの場合，同じ製品・ブランドの生産を拡大していくという行為も出来事の自己再生例である。自己再生の対象は相手や場所に及ぶこともある。たとえば，セブン-イレブンは初期チェーン展開では学生や独身の若者などを市場標的にし，首都圏域に集中的に出店を繰り返していた。

　出来事を生み出す行為者の活動からみると，この過程は同種の活動が反復遂行されるということである。ロックインの過程は，行為者の選択肢がますます限られ，特定選択肢が自動反応的に固定的に選択されていく過程である。ロックインは企業行動を定型化する。企業行動の場合，ロックイン状態を作り出すのは，多くの場合，戦略決定である。戦略は長期目標を達成するための仕組みである。ひとたびそれが採択されると，日常の企業活動はいわば暗黙的にそれに従う。戦略は日常活動の決まりを形作ることになる。企業経営にとって一種の制度と見なしてもよいだろう。

　たとえば総合量販店をチェーン展開するという戦略決定は，開発店舗のフォーマットを固定化する。それは企業戦略として設定された行動ルールとしての仕組みである。それは多くの従業員にとって決まりであり，暗黙のうちに従っている。この意味でそれは一種の制度であるとみなすこともできよう。このような制度は，企業行動の枠組みを作る構造として働き，長い期間にわたり安定的に維持される傾向がある。

　技術発展の経路依存的議論では，より効率的な新技術が出現しても不効率な技術が使われ続ける原因をロックインに求める。その代表例は現在でも使われるキーボードのQWERTY配列であった。[11] この呼び名は，英文字最上段の左から6文字がQ, W, E, R, T, Yの並び順であることによる。登場は1980年代である。タイプライターの打鍵速度を落としてアームの衝突を防止するために考案されたと伝えられる。

　ロックインされた行動パターンやそれによる出来事が，効率的か不効率か，あるいは出来事の見返り水準が高いかどうか。これらは技術や制度の経路依

---

[11] P. A. David, "Clio and the Economics of Qwerty", *American Economic Review*, 75: 332-337, 1985.

存に関連してしばしば議論される。しかしロックインという概念それ自体は，効率性や見返りの大きさについて何も語らない。ロックインはただ行為パターンや出来事が支配的パターンに固定される傾向が強まり，極端な場合には自動反復という決定論的な色彩を帯びるということを語っているに過ぎない。[*12]

　効率性や見返り水準との関連では，ロックインの過程をその前半と後半に分けて議論する必要があろう。前期ロックインでは，特定活動へのロックインは，多くの見返りを生み出し続ける。ダイエーの総合量販店やセブン-イレブンのチェーン展開がその好例である。同種フォーマットの店舗のチェーン展開が両企業の急成長を生み出した。ロックインは経営資源の集中投資を生み，企業行動の迅速性と迫力を生む。中小企業として出発しても，短期間で大企業にまで成長していくさいのエンジンは，選択と集中，つまり前期ロックインから生まれる。

　しかし，ロックインはその過程の後半になると，経営者の硬直的な思い込み，さらに組織の行動の定型化，制度化，構造化を生み，組織的ロックインの性格を帯びるようになる。それによって行為者の選択幅を次第に縮めていくことになる。重要な点は，その行動や出来事が見返りを生まなくなっても，まさしく組織的ロックインによって他の選択肢を選ぶことができなくなる点だ。この種のロックインは，成功体験による金縛り状態を表している。

　たとえば，総合量販店によってかつて急成長した流通企業の多くは，90年代以降にこのフォーマットが急速に競争力を失っても，その開発や維持を捨てきれなかった。DOSが主要なOSであった頃，パソコンで大成功した日本電器は，Windows時代に移行して同社のパソコン事業が不採算になり始めても，パソコン事業部を長い間にわたり改革できなかった。後期ロックインの局面では企業行動の漂流あるいは惰性さえも生み出すのである。成功物語は前期ロックインにかかわっている。成功物語の最終結末はこの前半のロックインで達成される。後期ロックインとしての組織的ロックインは次章での盛

[*12] P. A. David, "Path Dependence, its Critics and the Quest for 'Historical Economics'", in P.Garrouste and S.Ioannides eds., *Evolution and Path Dependence in Economic Ideas: Past and Present*, Edward. Elgar Publishing, 2001.

衰物語で重要事項になる。

再生強化メカニズムの発生条件

　経路依存というダイナミクスを生み出す推進力は，同じ行為パターンの反復による出来事再生である。この再生強化のメカニズムがどれくらい強力に働くかは，出来事系列により異なる。ポイント2.4は出来事の再生強化が生じる主要な条件を示している[*13]。最初の4条件は前期ロックインまで働き，最後の条件は後期ロックインで発生する。この章では最初の4条件を取り上げ，最後の組織漂流という条件は次章で議論する。

再生強化メカニズムの発生条件　　　　　　　　　　　　　ポイント2.4

前期ロックインまで→見返りにもとづく再生
　➢初期革新性
　　出来事の行為種類・対象次元の初期革新性が高いこと。
　➢巨額の先行固定費用
　　その出来事を反復するさい，それに先立ち巨額の固定費用が発生すること。
　➢調整効果
　　ある活動から特定行為者の受ける便益が，他の行為者による同種の活動により増加すること。
　➢学習効果
　　出来事の反復に伴い学習効果が発生すること。
後期ロックイン→制度形成にもとづく再生
　➢組織漂流
　　経営者信念のドグマ化，組織の官僚化。

　成功物語分析の中心課題は，筋書きとなる出来事系列で，上記4つの発生条件がどの程度に働いているかの検討である。これらの条件が作用する程度に応じて，活動や出来事の収益（見返り）は，逓減から一定へ，そして逓増へと効率化していくだろう。企業の市場環境などにかかわる出来事系列では，

---
*13　cf. W. B. Arthur, *op. cit.*

これらの条件は企業にとっては与件である。しかし，企業活動で生み出される場合には，発生条件は企業の戦略行動などによって意識的に作り上げられていく。出来事系列のタイプごとに，発生条件がどのような時間的順序で登場してくるかを検討する必要がある。

この検討にさいして，まず各条件の性格を踏まえておく必要がある。これらは再生強化メカニズム発生の十分条件であるのか，それとも必要条件であるのか。あるいはどちらでもでもないのか。いずれであるかによって，再生強化系列の探索の仕方が異なってくる。それぞれが十分条件であれば，どれか1つを含む出来事系列を探せばよい。十分条件とは，その条件が備わればかならず結果（再生強化）が発生するからである。一方，それらが必要条件であれば，すべての条件を含む出来事系列を探さねばならない。再生強化系列の必要条件とは，その種の系列にはかならず含まれている条件だからである。

4つの条件を個別的にみると，初期革新性は経営事例として話題になるような成功物語の必要条件である。結果的にすばらしい成功を収めた事例は，その出発点に初期革新性を持っている。しかし，残りの条件はこれらのすべての事例にかならずしも含まれているわけではないから必要条件ではない。したがって，再生強化系列とそうでない系列との境界は明確ではなく，むしろファジイ（あいまい）である。再生強化系列を示す出来事は再生強化系列であるかどうかの境界が曖昧なファジイ集合を形成している。[14]

このファジイ集合の中の各出来事系列は相互に，言語哲学者ウィトゲンシュタインのいう家族的類似性（family resemblance）[15]を持っているに過ぎない。ポイント2.4の条件はこの家族的類似性を判断する指標である。再生強化系列の概念的特徴は，m個の条件のうちでn個の条件をある系列が含んでいれば，再生強化が発生する，つまりn/mが再生強化の十分条件になると判断

---

*14　ファジイ集合については，田村正紀『経営事例の質的比較分析』白桃書房，2015年を参照。
*15　L. Wittgenstein, *The Blue and Brown Books*, Basil Blackwell, 1958.（大森荘蔵訳『青色本』ちくま学芸文庫，2010年）

するような性格のものである。この条件が家族類似性である。n個の内容で収益増加が発生しているのか。この判断には，各条件の内容を知らねばならない。

　そのさい，再生強化過程を2種の局面に分けて検討することが必要であろう。1つは再生強化が可能性として生まれる局面である。つまり，初期革新性の創造によって再生強化系列の出発点が創造される局面である。他の1つは，初期革新性を持つ出来事の再生が強化されていく局面である。前者がいわゆるイノベーションの誕生であるとすれば，後者はそれが定着していく過程である。次にこれらの局面をより詳しく検討しよう。

3. 再生強化系列の始動

再生強化系列の出発点　初期革新性の創造

　再生強化系列にみられる特徴は，その始点の出来事の革新性が高いことである。消費財を例に取れば，我々の暮らしの局面を大きく変えるような新製品の開発などは初期革新性の好例であろう。この半世紀近くを振り返って見ても，この種の新製品がかなり登場した。それらの先発開発には初期革新性がある。

　衣生活では60年代のミニスカートやジーンズ，70年代から80年代にかけての種々なカジュアル・ファッション，近年ではユニクロのヒートテックなど新素材下着などをあげることができよう。食生活では60年代の即席ラーメン，レトルト食品，70年代の缶コーヒーやカップヌードルなどがある。住関連ではハイテクによる新製品が次々に登場してきた。カラーテレビ，クーラー，8ミリカメラ，ラジカセ，ウォークマン，ワープロ，パソコン，CD，全自動カメラ，大型テレビ，種々の携帯端末など枚挙にいとまがない。

　新製品開発だけでなく，流通分野でも革新性の高い出来事が数多く発生している。ダイエーの新三宮店（総合量販店），セブン－イレブンによるコンビ

＊16　G. Goertz, *Social Science Concepts: A User's Guide*, Princeton Univercity Press, 2006.

ニ・フォーマット，あるいは青山商事，ユニクロ，しまむら，ニトリなどが80年代後半から90年代にかけてロードサイドなどに展開した孤立立地型の専門店なども，品質と低価格を兼ね備えた品揃えを持つ新タイプの専門店であった。

　これらの店舗フォーマットだけでなく，流通分野では新しいシステムの開発で革新性を持つものもあった。セブン-イレブンのPOS全店導入による機動売場構築，先進的なテナント管理によるイオンのショッピングモール開発，楽天のインターネット通販モール，阪急梅田の劇場型百貨店なども初期革新性を備えた事例であろう。

　製品や店舗フォーマットに革新性があれば，市場に驚きと興奮を与え，顧客の喝采を浴びる。製品は爆発的に売れ，予約客が累積さえする。店舗には顧客が殺到する。業務システムに革新性がある場合には，その企業の業務効率は飛躍的に向上して，競争相手に圧倒的な費用格差などをつけることができよう。

イノベーション発生状況の分析

　成功物語では，再生強化系列の出発点としての初期革新が生まれた特定状況の分析が不可欠である。この分析はどのように行えばよいのか。

　出来事の初期革新性は，経営での企業家精神によるイノベーションの産物である。企業家精神は少なくとも5種の指向を含んでいる。未来を見据えていること，広角的な視野で経営世界を捉えていること，未来へのロマンあふれる構想力を持つこと，それにより未来に挑戦しようとすること，そのさいの危険を敢えて負担しようとすることである。これらの資質のいくつかが個人あるいは組織に備わるとき，そこに企業家精神が芽生える。

　シュンペーターの古典的な定義によれば，イノベーションはモノや力の新結合であり，従来の様式とは断絶し不連続である。かれは新結合の遂行を5つの場合に分ける。新製品，新生産方式，新販路開拓，新供給源の獲得，そして新組織である[*17]。現代風にいえば，ヒト，モノ，カネ，情報，組織など，

---

*17　J. シュンペーター，塩野谷祐一・中山伊知郎・東畑精一訳『経済発展の理論（上）』岩波

経営資源の新結合がイノベーションである。この定義は初期革新発生の特定状況分析に示唆を与えてくれる。出来事系列の観点からみると、イノベーションは異なる出来事系列の接合からなる出来事によって生じる。基本的な分析焦点は異種出来事系列の接合点（juncture）にある。ポイント2.5は接合点分析の要点をまとめている。

出来事系列の接合点分析　　　　　　　　　　　　　　ポイント2.5

➤ どのような出来事系列が接合されるのか。
➤ 誰が接合を遂行するのか。

　接合点に合流する出来事系列の内容は事例によって多様である。ドラッカーが要約しているようなイノベーションの機会はその参考になろう[*18]。かれは組織内部と外部環境に分けて7種の機会を指摘する。内部の機会としては、予期せぬことの生起、ギャップの存在、ニーズの存在、産業構造の変化がある。外部の機会としては、人口構造の変化、ものの見方、感じ方、考え方の変化、そして新しい知識の出現がある。

　しかし、物語分析で初期革新性を検討するにさいしては、この種の理論を参考にする一方で、事例内分析を徹底しなければならない。それによってどのような新結合が実現したのかを検討しなければならない。新結合では異種事件流が企業家精神によって接合される。その具体例としては前章ですでに触れた、ダイエーによる総合量販店フォーマットの確立という出来事がある。結合したのは、廉売、セルフサービス、品揃えの拡大といった流れである。さらにダイエーは本部組織を設立し総合量販店の全国展開の基盤を作った。それらの接着剤はダイエー独自のマス・マーチャンダイジング体制であった。これらはまさしくシュンペーターのいう新結合であった。このきわめて高い初期革新性により、ダイエーはミクロ流通革命を達成した。

文庫、1977年。
[*18] P. F. Drucker, *Innovation and Entrepreneurship*, HarperCollins Publishers, 1985.（上田惇生訳『イノベーションと企業家精神』ダイヤモンド社、2007年）

イノベーションの発生状況の分析では，新結合を遂行した担い手の分析も不可欠である。メーカーの新製品開発の場合には，担い手は開発チームという組織である。市場導入まで含めた新製品開発には企業の多くの部門がかかわる。だから開発チームは研究開発，企画，生産，営業，物流，財務などの代表者を含む。イノベーションの担い手の分析では，この開発チームを焦点に据えた部門間調整の組織過程の分析が不可欠であろう。[19]

しかし，ダイエーのミクロ流通革命でのイノベーションは組織というよりもむしろ創業者中内功を担い手としていた。かれの企業家精神がそれを実現したのである。かれは鋭い感性によって，高度成長経済の時代空気を消費者との対話を通じて読んでいた。終戦直後の物資不足時代に商品調達に苦労した体験から，動物が水の所在を本能的にかぎ分けるのと同じように，仕入ルートを探し当てていった。その野性的な行動力によって，既存の取引慣行やメーカーの価格支配に挑戦した。[20]こうして調達した商品を廉価で全国に提供するシステムを構築したのである。物語分析ではイノベーションの担い手が経営者個人になる場合には，そのイノベーター資質の分析が不可欠になろう。

4. 再生強化系列の定着

出来事再生の定着条件

再生強化系列はこのような初期革新性を備えた出来事から始まる場合が多い。その意味で初期革新性は必要条件としての性格を多分に持っている。しかし，それを備えているからといって，再生強化の定着が始まるとは限らない。大学入試で英語の偏差値65以上は難関校合格の必要条件であるが，それを備えているからといってかならず合格するとは限らないのと同じである。

---

[19] この部門間調整の分析事例としては，田村正紀『リサーチ・デザイン』白桃書房，2006年における，ミノルタα7000開発事例を参照。
[20] 中内功をモデルにしたといわれる城山三郎の小説『価格破壊』角川文庫，1975年は，このようなイメージを彷彿とさせる。

再生強化系列の定着は，初期革新性を備えた出来事の反復を土壌にしている。革新的な新製品開発に成功しても，その生産量を急速に拡大できなければこの土壌はできない。生産量の拡大には，原材料の安定供給を保証するサプライチェーン，作業員の確保，大量生産体制，そしてその製品を売りさばくマーケティング体制が不可欠であろう。これらの体制整備が遅れると，革新的新製品も競争者の模倣追撃を受けて，その優位性を失ってしまう。成長速度は競争者による模倣参入への最大の防御である。

　革新的新製品の技術開発に成功した場合，大メーカーであればそのマーケティング経路にむけて販促活動を大々的に展開し，巨額の広告宣伝費を投入することができる。しかし，このような経営資源を持たない中小メーカーの場合には，そのマーケティングに独特の工夫がいる。その要点は市場へのゲートウェイをうまく見つけることである。たとえば，石屋製菓は「白い恋人」の試供品を札幌へ向かう飛行機便の中で提供した。現在では銘菓として知られるようになった叶匠寿庵は，夜の高級なナイトクラブの客への店からの土産にする一方で，阪急百貨店などごく一部にその販路を絞った。

　顧客が殺到する新フォーマットの単体店舗も同じことである。この種の店舗もしばしば登場する。しかし，流通分野では市場が地理空間的に制約されている。東京にこの種の店舗が登場しても，メーカーとは異なり全国からは多くの顧客を距離抵抗により吸引できない。しかも，流通分野では店舗模倣ははるかに容易である。話題店の開店直後に殺到する来店客のかなりの部分は同業他社からの視察組である。こうして他の地域で模倣店が次々に登場する。総合量販店やコンビニの全国普及の過程はこの格好の事例であろう。

　流通分野での再生強化系列の発展も初期革新性を備えた出来事の反復である。具体的にはその革新店舗のチェーン展開が必要になる。これを行うには強固なチェーン本部体制が確立されねばならない。主要な本部機能を要約的に述べれば，商品の安定的なマーチャンダイジング（商品本部），出店適地を査定し新店舗を立ち上げる店舗開発，必要人員のリクルートと能力開発，そして各店舗に市場情報を伝え，また各店舗の業績管理を効率的に行う情報システムなどであろう。ミクロ流通革命にさいして，中内㓛が新三宮店開店直

後にチェーン本部を立ち上げたのは，総合量販店のチェーン展開体制を確立するためであった。

　革新的な出来事の反復が始まると，そこで再生強化がどのように発展していくのか。これを決めるのはその系列の各出来事がどのようにリターンを生み出していくかに依存している。そのかたちは収益逓減か収益一定か，それとも収益逓増か。これらの程度を決めるのは，巨額の固定費用，ネットワーク外部性，学習効果といった条件がどのように作用するかである。成功物語の分析では，これらの条件がどのような時間的順序で組み合わされていくのか，また収益のかたちがどのように推移していくのかを追跡しなければならない。

巨額固定費用の拡散

　新製品によっては，その生産に巨額の段取り費用や固定設備を要するものがある。また革新性が高い場合には，その広告宣伝や流通経路の維持のために固定的に多額の費用をつぎ込む必要があるかもしれない。これらは出来事（活動）の反復に先立って先行投資しなければならない。固定費用は，一般に，生産量が拡大すればするほど，各製品単位に拡散することができる。

　同じように，流通企業におけるチェーン展開のために必要な本部組織にかかる経費もしばしば巨額になり，店舗数や売上高にかかわりなくかかる固定費用である。この費用も店舗数が増え，売上高が増加するにつれてそれらに拡散することができる。しかもこの種の費用はしばしば店舗フォーマットに特殊的である。たとえば，総合量販店とコンビニのどちらをチェーン展開するかによって，店舗開発に必要なノウハウ，サプライチェーンに求められる機能，コンピュータ・ソフトウェア，要員の能力開発の仕方は大きく異なっている。

　このような固定費用が高くなればなるほど，またそれが資産特殊的であればあるほど，その新製品の生産拡大をしたり，あるいは特定フォーマットの店舗を次々に開発し続ける誘因はより強くなろう。

調整効果

　特定行為者による活動遂行の便益が，他の行為者の同種の活動遂行によっても増加するときに，調整効果が生じる。このよくあげられる例は，ネットワークに正の外部性が生じる場合である。外部性とはある行為者の意思決定が他の行為者の意思決定に影響することをいう。たとえば，ファクシミリを持つことの便益は，他の人もそれを持つことによって増加する。

　またインターネットを通じての種々のSNS（ソーシャル・ネットワーキング・サービス）に参加することの便益は，多数の他者の参加につれて増加する。ITビジネスにはこのようなネットワーク外部性が生じるものが多い。これによって，いったん普及し始めると需要が爆発的に増える。中小企業から出発したITビジネスに，短期で急成長する企業が登場するのは，この調整効果による需要の爆発的拡大によるものである。

　経営世界では企業活動についても，この種の調整効果は多様なかたちで生じることがある。とくに重要なのは，特定の経営活動がそれを支える種々の技術や社会経済制度のインフラと補完関係を持つ場合である。たとえば楽天によるネット・モールを支えるインフラを考えてみよう。インターネット，パソコンや種々な携帯端末，クレジットカードや電子マネー，宅配物流システム，多様な専門店，ビッグデータ処理技術など，これらと楽天のネット通販は補完関係にある。

　これらのインフラの存在により楽天のビジネスは可能になり，またインフラがより強固になればなるほど，楽天のネット通販技術は高度化しその収益も多くなる。逆に楽天が発展すればするほど，これらのインフラ技術にかかわる事業も発展していくのである。21世紀以降，楽天は急速に成長した。それはネット通販ビジネスとその関連インフラビジネスとの強い補完関係によって生み出される調整効果によっても加速されてきた。

　経営世界ではますます多くの事業の成功が，他企業との関係性ネットワークの構築に依存するようになってきている。成功物語の分析にさいして，その事業を支えるインフラとしての関係性ネットワークを調べ，その補完関係

学習効果

　同種の事業活動の継続といった出来事は，その事業が複雑なシステムであればあるほど，高い学習効果を生む傾向がある。この学習効果によって，行為者はその事業システムの運用の熟練度を高めて高い収益を生むようになる。

　経営技術としてみれば，ミクロ流通革命でダイエーが行った革新的な総合量販店のチェーン展開は当時の時点でみるときわめて複雑なシステムを要した。その運用には新しい知識を創造していかなければならなかった。店舗面積が飛躍的に拡大したので，どのような品目で品揃え構成すべきかの知識を要した。しかも，チェーン展開に伴い質量ともに拡大する商品量を，安価に調達し各店舗に配送できるサプライチェーンを構築しなければならなかった。大型店のチェーン展開にさいしては，立地選定や用地確保，店舗建設のノウハウが必要であった。またチェーン店数の拡大につれて，必要な要員を短期間でリクルートする必要があった。

　ダイエーはどのような品目が品揃えに適切か，それらの品目を調達するにさいして，量販店のバイイング・パワーをどのように使うべきかの知識を蓄積していっただけではない。総合量販店の店舗開発適地が商店街など都市中心街よりも人口が急速にふくれあがる郊外にあること，また個人の商人資質がなくてもそれを店舗要員として戦力化するための育成プログラム，各店舗への商品供給体制などの知識を急速に蓄積した。ダイエーの急成長はこの学習効果に大きく依存している。

　POSシステムによって，各店舗商圏の需要特性に機動的に対応しようとしたセブン-イレブンも，複雑なシステムの運用を目指した。数年後にセブン-イレブンの成功を見てPOS導入を模倣した多くの競争相手でさえ，POSをたんに省力化のハードとしてしか見ていなかった。しかし，セブン-イレブンのPOS対応は導入当初から異なっていた。[21]

＊21　セブン-イレブンの持続成長におけるPOSシステムの役割の詳細は，田村正紀『セブン-イレブンの足跡：持続成長メカニズムを探る』千倉書房，2014年を参照。

セブン-イレブンの狙いは，POSを統合的情報システムの根幹に据えるだけでなく，それによって納入業者，物流業者などとの関係性ネットワークも制御して，各店舗を仕向地とするサプライチェーンの実物活動も機動化することであった。各店のPOS情報は本部に集約され，今度は各店への迅速な支援情報に加工された。サプライチェーンにかかわる企業間のネットワークを高度化するため，関係性のネットワークの電縁化を促進し，関係先の情報機器の型番まで指定した。

　セブン-イレブンはPOSを根幹とする統合システムの機能を，店頭や物流の現場状況に照らして見ていた。言い換えれば，統合システムの現場使用状況を注視していたのである。これによって，セブン-イレブンは，関連機器やソフトの機能をさらに高度化するにはどうすればよいかの情報を的確に把握した。

　このユーザー情報を求めて，情報機器関連メーカーがセブン-イレブン参りを続け，コンビニ・トップ企業であることも伴い，最新の技術開発情報がセブン-イレブンに集中した。この学習環境の賜として，セブン-イレブンのPOS利用システムは世界最高水準まで進化していった。POSシステムがセブン-イレブンの競争力基盤として強化され大きい見返りを生むにつれて，同社の情報投資は再生強化経路を邁進するようになった。

勢いの創造による成長の迅速化

　単純物語での急成長の推進力は，以上のような発生条件が組み合わさって総合的に生み出す勢いの産物であろう。中国古代の兵法家，孫子によれば[22]，勢いとは有利な状況をみれば，それにもとづいてその場に適した臨機応変の処置を取ることである。機会に気づけば，直ちにそれを捉える行動を編み出し適応していく。だから行動の機敏さを生む。それが大きい見返りを生めば，そこから勢いが付いて行く。勢いは経路依存の過程を加速する。

　無形で柔らかい水でも，その激流は頑強な巨石さえも押し流す。同じように，この勢いが生じると，当初は中小企業でも急速に燃える集団になる。組織

---

*22　金谷治訳注『孫子』ワイド版岩波文庫，1991年。

メンバーのモラール（士気）だけではない。中小企業は静態的にみるとヒト，モノ，カネ，情報，組織といった経営資源の点で脆弱である。しかし，勢いを創造できれば，その脆弱な経営資源の活用にも，機動性が加わる。勢いはモラールの高揚と機動性を両輪にしている。

この両輪を動かすエンジンは何か。とくに重要なのは，経路依存初期での成功体験を結晶化し，基本的な行動原則に縮約していくことである。この基本的な行動原則を経営憲章と呼ぼう。それはしばしば経営者の信念にまで昇華し，組織活動の憲章として定着する。

多様な機会に臨機応変に対応しても，経営憲章によって組織行動に一貫性が生まれる。憲章は日常活動の指針になる。活動方向に迷えば，憲章に立ち返って考えればよい。優れた憲章は，どう活動すればよいかの知識の汲めどもつきぬ泉になる。その経営憲章が優れているほど，勢いがつき成長が迅速化する。急成長など成功物語の分析の重要な焦点は，その企業活動を貫いている経営憲章を探り出すことである。

ダイエーの経営憲章

ダイエーの急成長もこの憲章にもとづく機動力に根ざしていた。憲章の主要な内容は次のようなものであった。
- 現場情報主義：市場の多面な現場情報を収集し総合する。
- 廉売主義：廉売訴求を主眼とし，その基盤として売上高を最重要視する。
- 経営資源の内製主義：店舗・システムは内部開発し，土地は取得する。
- 本部集中主義：あらゆる活動指示権限を集権化する。

これらの憲章がダイエーの未来を照らす光線だとすれば，中内㓛の企業家精神はそれらの集光レンズであった。レンズを通過して収束した光線は，高度成長期の市場機会ベクトルを焦点にしていた。

図2.2に示すように，急速な経済成長によって，市場が多方面に発展して，市場機会にかかわる指標を激変させる。この指標は誰が，いつ，どこで，何の消費者に，いかになるかを決める。市場機会ベクトルとは，これらの多様な指標をひとまとめにしたセット（組）である。図中で矢印は変化の方向を，

図2.2　高度経済成長による市場機会ベクトル

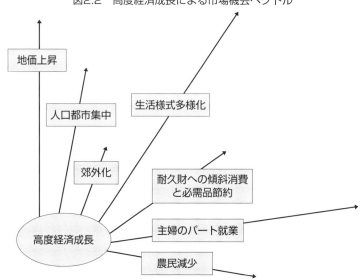

またその長さは大きさを表している。

　中内の創意から生まれた憲章は，高度経済成長期の流通にかかわる市場機会ベクトルを，企業行動として縮約的に捉えようとするものであった。全企業活動の方向性を，市場のメガトレンドに的確に対応させながら，活動ルールとしての少数の憲章に縮約する。これは卓越した経営者能力のもっとも端的な発露である。

▶現場情報主義

　通常のデータ処理では，現場データを収集した上でそれを統計，マイニング技術で処理加工した上で意味を探る。つまり知覚（情報収集）と認知（情報の意味判断）の２段階を経る。しかし中内の現場情報主義はこれとは大きく異なる。収集情報を分析解釈するというよりも，知覚情報そのものから直接に行為指針をピックアップしようとした。

　かれは消費者，競争者，供給者などの動きや出来事を生の姿で捉えるために

多忙な時間を割いて現場に出かけることを好んだ。またそれが困難なときには，かれを取り巻く若手ジャーナリストなどを通じて集めた。多方面の人々と会談し，世の中の動きを他者がどう感じているかを聴くことを好んだ。かれはメモ魔であり，接客での会食席でも，小さい手帳を取りだし気になる情報のメモをしていた。

　かれが求めていたのは，周囲環境の動きそのものの中にある行為指針のヒントである。だれでも電車の中で赤いボタンをみれば，それを緊急事態発生の連絡という行為指針とみなす。この場合，みるという知覚そのものが行為指針の情報を提供している。心理学者のいうアフォーダンス[*23]である。中内の現場指向はこのアフォーダンス型知覚であった。かれは現場の中に種々な赤いボタンを探し求め，それらをピックアップし総合化しようとしていたのである。コンピュータやデータベースがまだ未発達な時代に，競争者の動きや消費者行動の多様化など，多面的に激変する市場環境を迅速に捉える方法であった。

　出来事そのものから直接にアフォーダンスを読み取る。この情報収集パターンは，大岡昇平が小説「野火」で描いたようなフィリピン激戦地で若い頃に生死の境をさまよい，復員後は戦後の混乱期の闇市で後の創業資金を蓄えてきた経験によって育まれたものだろうか。いずれにせよ，この現場情報主義が激動の時代でのかれの感性・野性を磨き，世間を驚かす大胆な行動を支えた。現場情報主義は中内にとってコンピュータよりもはるかに信頼できるカン（勘）ピュータであった。

　これについては思い出がある。80年代の前半，神戸大学での筆者のゼミ生と会食したいという中内の依頼があった。会食後に学生を帰し，2人で会談した。当時，セブン−イレブンのPOS成功もあって，話題の中心はコンピュータによる情報武装についてであった。その役割を強調したが中内は同意しなかった。情報技術革新が芽生え始めた時代でも「コンピュータよりカンピュータの方が流通経営にとって重要だ」，これが中内の主張であった。会談は

[*23] J. J. ギブソン，古崎敬訳『生態学的視覚論—ヒトの知覚世界を探る』サイエンス社，1986年。

予定時間を大幅に超え，部屋を出たときにはその前に中内の決済を仰ぐ行列ができていた。

▶廉売主義

廉売主義はダイエー創業以来の行動原則である。高度成長期には日用品の廉売は大衆消費者の喝采を受けた。当時，かれらの消費生活における主願望は次々に登場する高価な耐久消費財を入手することであった。支出をこれに傾斜するには，一方で日用品の支出を切り詰める必要があったからである。破壊的な価格訴求は莫大な売上を生んだ。それは商品回転率を向上させ低い粗利率を財務的に支えた。一方で，日銭（現金）の獲得と購買力を生み出した。それらが供給先へのバイイング・パワーとなって商品原価の切り下げを可能にした。これがさらなる廉売の基盤になったのである。ダイエーにとって，廉売と売上至上主義は同じメダルの表裏であった。

▶内製主義

どのような企業にとっても，経営に必要な種々のサービス，資源について内製か外注かの選択に迫られる。そしてこの選択が企業の境界を決める。この点についてのダイエーの行動原則は内製主義であった。これらは物流システム，専門店開発，事業用土地にみられる。

物流システムは納入業者との関係性ネットワークを組織化するよりも自前で開発した。商品本部と連携した物流システムはダイエー商法の根幹である。それを模倣から秘匿するために内製化した。ダイエーは企業内物流現場への外部からの視察を断り続けた。

専門店の内部開発にはどのような意味があったのか。60年代から70年代にかけて，人口の都市集中とそれに伴う郊外化の進行によって，総合量販店の立地は郊外に移動するようになった。商業集積は人口増に対して遅れ気味であるから，総合量販店の郊外立地は立地創造であった。総合量販店の顧客吸引力によってその立地隣接地も商業地として潜在的に創造された。それを取り込もうとしたのが総合量販店を核店舗とし，その周囲に専門店を配する

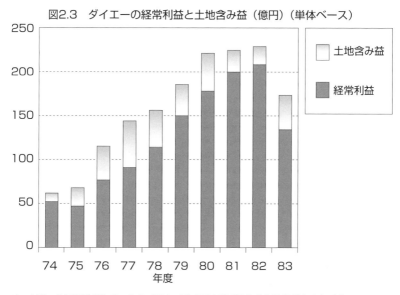

図2.3 ダイエーの経常利益と土地含み益（億円）（単体ベース）

データ源：有価証券報告書，および日本不動産研究所「市街地価格指数」より計算。

ショッピングセンターである。この専門店テナントを外部募集するかわりに，種々な専門店子会社を次々に内部開発した。総合量販店の立地によって生じる外部経済の果実を自ら得ようとしたのである。

　ダイエーは店舗開発などに必要な土地の多くをリースではなく自己所有した。容易につくれないものを所有する。これは中内商法の信条であった。土地取得はその象徴である。中心市街地を離れた土地，都市周縁や郊外地の地価は安い。そこへの大型店出店によって立地創造できれば地価が跳ね上がり，潜在的なキャピタル・ゲインが得られる。さらに高度成長期での地価上昇が土地の含み益（取得価格と時価の差額）を増やし，このキャピタル・ゲインを増加させた。

　データが利用可能な単体ベースで，74年からパクス状態の終わりの83年にかけての，ダイエーの土地含み益を推定してみると，図2.3のようになる。土地含み益によって潜在的な経常利益は小さいときでも9％（82年），大きいときには58％（77年）も増加した。この間の平均では土地含み益による潜在

的な経常利益増加率は31％であった。この数字はライバル企業のイトーヨーカ堂，西友などと比較しても突出している。この土地含み益によってダイエーの担保力が増加し，銀行からの成長資金調達が容易になった。

▶本部集中主義

　本部集中主義は組織的には集権主義である。業務遂行の観点からみると，組織は少数の管理者と多数の作業者からなる。1万人の企業でも10人ほどの管理者がおればよい。中内がこう言うのを聴いたとき，驚いた思い出がある。しかしこれは中内の基本的な考え方であった。管理者の指示にもとづき，それを正確に作業に落とし込む。このために作業を標準化しマニュアルを重視した。ダイエーがチェーン展開を始めた初期には，この考え方はまさしくイノベーションであった。パート従業員など商売の素人でも店頭業務要員として動員できたからである。これによって，全国各地での店舗展開に必要になった店頭業務要員を，低賃金で容易に店舗立地周辺地域から確保することができたのである。

第3章

転機と対応
－複雑物語のダイナミクス－

事例の観察期間をどう設定するか。実例だけでなく，分析者の研究課題によって多様に異なるだろう。物語の始点と終点をどう設定するか。これにより，観察期間の長さが決まる。一般に複雑物語は単純物語よりもその観察期間は長くなる。同じ実例でも，観察期間が長くなれば，成功，安定，失敗の物語を全体物語の部分として含むことになる。これにより事例は複雑物語の理論事例になる。

　ダイエーを例に取れば，創業よりミクロ流通革命を達成した70年代の初頭までは成功物語であり，それ以降80年代初頭まではパクス状態の安定物語，そしてそれ以降ダイエー消滅までの期間では消滅物語になる。これら全期間を分析対象にすれば，1商店が短期間で日本最大の流通企業になり，そして歴史の闇に消えるまでの，ほぼ半世紀にわたる盛衰物語ができあがる。

　複雑物語を物語分析したい場合には，何よりもまず事例選択に注意しよう。事例がリーダー企業についての盛衰物語であれば，それはよりドラマティックになって興味が増す。しかし，リーダー企業の多くは長い社歴を持つ。そのため，盛衰物語の研究のためには，多くの場合，長い観察期間を設定せねばならず，観察データの収集はそれだけ難しくなるだろう。データが利用可能であるかどうか。複雑物語での事例選択では，この点が重要な配慮事項である。比較的短期間で栄枯盛衰を繰り返す流通企業は格好の研究対象である。同じように，メーカーの場合には，その技術や産業構造が激しく変動する産業を取り上げることが事例選択の基本戦略になろう[*1]。

　適当な事例がみつかると，次に注意すべき点は複雑物語の焦点は何かということである。複雑物語は多様なダイナミクスにより生み出される。そのどこに目をつけて分析すればよいのだろうか。この視座は，どのような概念（コンセプト）を通して動態をみるかによって決まる。概念は言葉や対象の意味内容を示すから，使う概念によってモノの見方が変わる。木の名前と性質を

[*1] クリステンセンがディスクドライブ業界を理論構築の場として選んだのも同じ理由である。C. M. Christensen, *The Inovator's Dilemma*, Harvard Business School Press, 1997.（玉田俊平太監修／伊豆原弓訳『イノベーションのジレンマ：技術革新が巨大企業を滅ぼすとき』翔泳社，2001年）

知らなければ，木々の植生も捉えられず森の生態を識別できない。

　同じように，ダイナミクスが織りなす複雑な現象に切り込み，多様な局面を切り分けるには，動態局面を区分して理解する分節のための概念がいる。成長，安定，衰退といった部分物語を複雑物語で繋いでいるものは何か。それは転機（ターニング・ポイント）である。これによって複雑物語特有のダイナミクスが生まれる。転機を分析すれば，複雑物語に切れ目を入れ，その部分物語の意味を複雑物語全体の観点から把握できるようになる。

1. 複雑物語には転機がある

転機を生み出す経営ショック

　単純物語にはない複雑物語の特徴は，筋書きの転換点，つまり転機（ターニング・ポイント）の到来を含んでいることである。転機とは，安定的な出来事系列を生み出してきた従来の定型的な活動パターンや制度が挑戦を受け，重要な経営変化の要求が現れてくる時点や短い期間である。転機のほとんどは経営環境や経営内部で生じた大事件をきっかけに生じる。転機状況は乱気流に巻き込まれた航空機に似ている。それは経営にとってショックになる。この経営ショックは多様なかたちで生じる。

　たとえば，特定企業に現れるショックがある。東日本大震災（2011年）は東電にとって経営ショックであった。汚染に伴う巨額の賠償によって同社の財務構造は一変した。それだけでなく，原子力発電への社会の目が厳しくなり，成長への大黒柱が怪しくなった。東芝の不正経理発覚（2015年）も同様に，少数の事件当事者以外には経営ショックである。長年築き上げた企業ブランド価値を大きく破壊した。欠陥商品の発覚も企業信用を失墜させ，大きい経営ショックになる。東洋ゴムの免震虚偽表示（2015年）などはその例である。

　大きい経済変動も多くの企業の経営ショックになる。1990年代初頭のバブル経済の崩壊によって，多くの企業がその経営方向を大きく転換しなければ

ならなかった。転換だけでなく、対応を誤ってダイエー、セゾン、マイカル、そごうなどの巨大流通業が消滅した。大きい技術革新も多くの企業にとって経営ショックである。インターネットの普及により、銀行、証券会社、旅行代理店の支店網は大きい再編を迫られた。法制の変化が特定業界のショックになることがある。大規模小売店舗法の施行（1974年）は、それまで急成長してきたスーパー業界に決定的な影響を与えた。

多くの業界で経営ショックとなるのは、このような経営環境における大事件だけではない。経営内部で漸進的に進行し、マグマのように蓄積され、突発的に吹き出すショックがある。戦略転換のまちがいによって主要事業がいつの間にか競争力を失い不採算になって、創業以来はじめて巨額の赤字を出すといったショックである。液晶技術で世界に輝いていたシャープが陥った2009年後の苦境などはこの好例であろう。

転機の特質

複雑物語の核心はこの転機というコンセプトにある。転機には、ポイント3.1に示すような特徴がある。

転機の特質　　　　　　　　　　　　　　　　　　　　　　　　　　ポイント3.1

➢経営ショックをきっかけにした、従来の経路依存の大きい修正、あるいは切断（新経路依存の創造）である。
➢転機は岐路であり、対応によって消滅、復活、漸進へ分岐する。
➢転機の到来と岐路との期間は短く、迅速な対応決定が必要になる。

転機という概念に照らせば、経路依存とは何であるのかが明確になる。それは、経路依存が必然の物語ではないということである。複雑物語は成功物語から始まる。必然の物語であれば、成功を生み出した経路依存は永遠の成功を保証するだろう。しかし、経路依存という、過去の経緯によって将来が完全に拘束されるわけではない。転機到来によって、従前の経路依存は大きく修正されたり、切断さえされることもあるのだ。経路依存にとっての転機

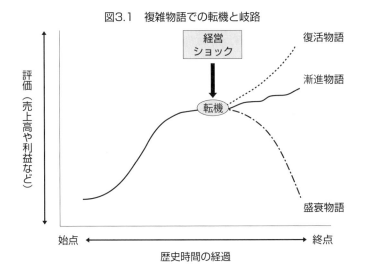

図3.1 複雑物語での転機と岐路

の意味はこの点にある。

　成功物語を生み出す経路依存がロックイン状態になっても，将来に向かって同じ出来事（行為パターン）が継続するとは限らない。経営ショックにより転機が到来すれば，従来の再生メカニズムが働かなくなる。特定の経路依存はその再生メカニズムが何らかの理由で無力になるまでの限定された変化である。[*2]

　転機によって，企業の将来について不確実性が生じる。環境条件がどのように発展していくのかについても見通しがつけにくい。転機は例外状況を作り出す。そこでは従来のやり方が通用しない。転機到来に気づいたとしても，どう行動すればよいのか。どのような選択肢がよいのか。それが明確にわからないのだ。経営ショックが大きいほど，このような五里霧中の状態になる。

　転機が到来したとき，それにどう対応するかにより，従来の経路依存軌道が切断され，新経路に向かう可能性がある。転機は複雑物語における岐路である。図3.1に示すように，転機を新しい出発点にして，それへの対応行動により復活，漸進，消滅などへの経路が分岐する。つまり，物語の筋書きがその方向あるいは軌道を変え，以後の企業成果に持続的な影響を与えることに

---

*2　P. Pierson, "Increasing Returns, Path Dependence, and the Study of Politics", *The American Political Science Review*, Vol.94, No.2, Jun., 2000.

なる。

　喜劇は悲劇に転じて，この両者を合わせて盛衰物語となる。また悲劇の進行は喜劇に変化して，復活物語が始まるかもしれない。筋書きの方向変化は多様であるけれども，転機の存在は複雑物語に共通する本質的特徴である。複雑物語は喜劇や悲劇といった軌道方向の異なる複数の出来事系列の合成からなる。複雑物語で転機に先立つ前半部分は単純な成功物語である。しかし，転機以降の筋書きは，転機にどう対応するかによって事例ごとに様々である。

　経営ショックから岐路までの転機期間は長くはない。この期間での経営状況は激流だ。経営ショックの到来によって，従来の再生メカニズムが崩壊の危機にある。その迅速な再構築が必要だ。それは乱気流に突入した航空機が，できるだけ早くそれから脱出して，行路を立て直す必要があるのと同じである。このために，転機対応のタイミングが重要事項になる。このタイミングは，どれくらい早く転機到来に気づくのか，どれくらい迅速に対応できるのかによって決まる。消滅，復活，漸進のいずれの経路をたどるのか。対応行動の内容だけでなく，そのタイミングが分岐の鍵を握っている。

　いずれにせよ，転機を区切りにして，従来の経路依存が切断されて，新しい経路が生まれる。転機を岐路にして復活物語かそれとも盛衰物語か，いずれの結末にいたるかによって経路依存の内容は異なっている。またいずれの経路にせよ，転機にいたるまでの成功物語の経路とも異なっている。複雑物語の筋書きは，この転機を軸に展開する。転機に前後して方向性の異なる複数経路から構成されている。複雑物語では，前半の成功物語だけでなく，転機到来とそれへの対応による岐路が物語展開の焦点である。

2. 転機をどう識別するか

転機動因の確定

　単純物語と比較すれば，複雑物語にははるかに多くの事件や出来事がある。それらのうちのいくつかが経営ショックになり，それをきっかけに転機が生

じる。転機のきっかけになる事件・出来事を転機動因と呼ぶことにしよう。

　登頂した山上からたどってきた路を振り返るように，歴史家は最終結果の確定した歴史事実という高みから過去を振り返る。それと同じく，物語分析者も物語の結末・結果という高みに立っている。そこから結果を生み出した出来事系列をみる。だから転機動因の識別は，それほど困難な作業ではない。この確定に必要のステップは，ポイント3.2に示す3つである。

転機動因の確定ステップ　　　　　　　　　　　　　　　　　　　　**ポイント3.2**

➢どの出来事系列を問題にするかを決める。
➢従来の経路軌道への影響データを見て，重要な転機動因へ絞り込む。
➢データがないときには，反実仮想により転機動因かどうかを判断する。

　多様な出来事が転機動因になる。しかし，特定の出来事が転機かどうか。その識別にさいして，まず必要なことはどのような出来事系列に対する転機を問題にするかである。第1章の図1.1に示した経営サイクル全体についてか。戦略，フロントやバックのフォーマットなど経営サイクルの部分についてなのか。あるいは環境の特定局面についてなのか。言い換えれば，何の発展経路についての転機を考えるのかということである。これは物語分析にさいして分析対象を明確に意識しておくということに他ならない。

　分析対象に照らして種々の出来事を見ていけば，いくつかの転機候補が浮かび上がってくる。それらの多くは大きい出来事であろう。きっかけになる出来事は，発生の仕方と場所で異なっている。突発的に出現するものもあれば，

表3.1　転機動因のタイプと例

		突発的事件		漸次的変化の帰結
外部	A	自然災害 例：阪神大地震，東日本大地震	C	大不況，法制変化，技術革新 例：バブル経済崩壊，大規模店舗法，インターネット
内部	B	不正経理，欠陥商品の発覚 例：東芝，東洋ゴムの事例	D	後期ロックインでの業績悪化 例：シャープ事例

漸次的変化の帰結としてある時点で顕在化するものもある。また，出来事には経営環境など外部で発生するものと企業内部で発生するものがある。これらを組み合わせれば，きっかけになる出来事を表3.1のような4類型に整理することができよう。転機動因の識別が容易かどうかは，これらのタイプによって異なっている。

　タイプAは，自然災害のように，ある日突然に発生する外部環境の出来事である。その日時を前もって予測することはできず，驚きを持って受けとめられる。タイプBは企業内部で生じる突発的事件である。不正経理や欠陥商品の製造販売などは，それを引き起こした当事者にとってはたしかに突発的とはいえない。しかし，多くの場合，事件関与者は一部の人であり他は知らない。そのさい，それが発覚して社会問題化すると，その後始末をしなければならない他の多くの組織人にとっては突発的なショックである。

　転機動因には，先行するいくつかの歴史的経緯の帰結として生じる出来事がある。タイプCは外部環境で生じるこの種の出来事である。これらの出来事について，いわゆる「想定外」かもしれない。あるいはいつか発生するかもしれないという危惧がある。しかしその時点を前もって予測できない。大不況の到来にはそれに先行する経済過程がある。新聞などはしばしばその警告を報道する。そして株価や地価の大暴落といった帰結を迎える。法制変化にもそれに先立つ政治紛争，反対運動，国会審議がある。そしてある時点で法施行や通達が帰結になる。

　技術革新にもそれに先行する技術進歩の流れや方向がある。製品開発が軽薄短小の方向に向かうといった流れや，インターネットに代表されるように異種技術の融合が起こるだろうという方向性である。専門技術者はその方向感覚を持っている。しかしその実現時点や具体的姿を正確に予測できない。それが，あるときに帰結として技術革新といった形を取って，具体的に実現するのである。

　転機動因の識別の容易さという点からみると，タイプDは識別がもっとも難しい。このタイプは盛衰物語でもっとも重要な動因である。成功物語を生み出した経路依存が後期ロックイン期に入ると，行為パターンが硬直化して

同じ出来事が再生される。たとえば，収益のいかんにかかわらず同じフォーマットの店舗の出店が繰り返され，同じブランドのマーケティングが繰り返される。時代にそぐわなくなった経営者の信念や思い込み，経営幹部の過去の成功体験へ固執した戦略，同種活動パターンの維持をかたくなに守ろうとする官僚化した組織機構など，同種行動パターンの再生機構は組織によって様々だ。

いずれにせよ，このような状態が続くと，それまで過去に輝かしい成功を収めたとしても，その成功体験そのものが将来の失敗の母になる。市場の支持がなくなり，競争力が低下しているにもかかわらず，従来の行動パターンから抜け出せない。これが累積すると，未曾有の業績悪化などを引き起こす。このきっかけはしばしば静かに歩み寄る。そしてある時点で輝かしい成功体験を持つ企業さえ襲うことになる。

重要転機への絞り込み

特定の出来事系列に照らして見ても，事例によっては複雑物語の転機になりそうな出来事が多様になるかもしれない。その中から転機候補を絞り込むにはどうすればよいのだろうか。重要な点は，その候補と従来の経路依存的な出来事系列との関連である。従来の発展軌道がその出来事のショックを吸収できるかどうか。この点が重要だ。吸収しきれないとき，その経営ショックは転機になる。

成功物語を生み出す出来事系列は，一定の方向性を持つ軌道上にある。軌道とは出来事が発生していく経路上の慣性である。たとえば，ダイエーの成功物語では，総合量販店を次々に開発して急速に多店舗展開していくということであった。軌道は出来事の再生メカニズムを通じて慣性的性格を持ち，先決の経路に沿って将来の方向・道筋をつけていく。この慣性によって，経路の方向に影響するような出来事が起こっても，その影響が小さければそれを吸収してしまう。出来事が起こって以降に，従来軌道にどのような変化が生じるか。それをみることによって，その出来事が転機動因かどうかを判断できよう。

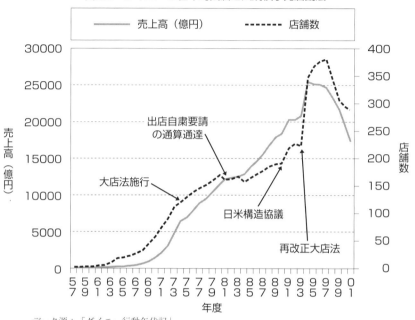

図3.2 ダイエーの経年的出店と大規模小売店舗法

データ源:「ダイエー行動年代記」。

　具体例をあげよう。ダイエーのミクロ流通革命の転機になったのは，明らかに大規模小売店舗法の施行とその運用強化である[*3]。図3.2に示すように，これによって，ダイエーの急速な多店舗化は鈍化した。高度経済成長期でも，総合量販店の急成長によって，全国各地でその出店に反対する中小小売商との紛争が絶えず政治問題化した。遂に1974年にその自由な出店を規制する大店法（大規模小売店舗法）が施行された。これにより出店大型店の面積や営業時間が，各地の商調協（商業活動調整協議会）での調整事項になった。メーカーでいえば，工場増設とその操業時間が規制対象になるのと同じである。

　大店法は総合量販店企業すべてに影響したが，トップ企業のダイエーについてはとくに強く働いた。各地の商調協に委ねられたその運用は一種の政治紛争過程として働いた。大型店に反対する政治勢力にとって，ダイエーを押

---

*3　大型店紛争の詳細は，田村正紀『大型店問題』千倉書房，1981年，同『マーケティング力』千倉書房，1996年などを参照。

さえることは一罰百戒と同じような意味合いを持ったからである。出る杭は打たれる。この打杭効果[*4]によってダイエーの多店舗化は鈍化する。短期間でミクロ流通革命を達成した多店舗展開の速度は大きく減速した。

　大店法施行の数年間は，従来の出店軌道を減速させたとはいえ，かならずしも大きい方向転換をもたらしたものではなかった。出店調整によって申請売場面積の削減などが行われたけれども，出店自体は不可能ではなかった。しかし，大型店紛争はますます先鋭化した。法規制対象の面積を超えて面積削減が行われただけでなく，各地の自治体が出店凍結など独自の条例を制定して大型店規制に乗り出した。ダイエー出店に対して出店それ自体を拒否するというゼロ回答を出した熊本商調協に象徴されるように，その矛先はどこよりもトップ企業のダイエーに向けられた。[*5]

　紛争のエスカレートに直面して通産省（経済産業省の前身）は，79年に大店法の第一次改正を行い法規制面積などを切り下げた。さらに，82年には通達により，出店抑制地域の指定と抑制地域内での出店の自粛要請を各社に行うとともに，出店申請の行政窓口規制まで行った。これらによって，出店は止まった。ダイエーの成長を支えてきたエンジンは法規制により完全に停止したのである。

　転機動因になりそうな出来事は，発展軌道に屈折点を作り出す。運用強化は法施行そのものよりも大きい角度の屈折を作りだした。これは明らかに転機であった。転機の期間は，日米構造協議という貿易摩擦にかかわる外圧によって，大型店規制が緩和し始める90年代初頭まで続く。出店できないとすればどうするのか。この転機期間での対応が以後のダイエーの命運を握ることになる。

反実仮想

　転機候補がいくつかあるときには，もっとも重要な転機に焦点を定めることによって，盛衰の転換点をより明確に分析することができる。出来事系列

[*4] ダイエーへの打杭効果の実証については，田村正紀『先端流通産業：日本と世界』千倉書房，2004年。
[*5] この間の事情の詳細は，田村正紀『現代の流通システムと消費者行動』日本経済新聞社，1976年。

が図3.2のように数値データでたどれる場合には、軌道屈折の角度が判断基準になる。しかしそのようなデータがなく、まったく定性的な出来事系列の場合にはどうすればよいか。

そのさいの唯一の方法は反実仮想である。事例分析（定性分析）での反実仮想では、転機候補の出来事が生じなかった場合に、どのような状況が生まれる可能性があったかを考える。それによって特定の出来事が転機動因であったかどうかを判断するのである。反実仮想を行うときには、ポイント3.3に示す2点に留意することが必要になる。

反実仮想の使い方　　　　　　　　　　　　　　　　　　　　**ポイント3.3**

- 対象の出来事がなければ、その後の発展軌道はどうなったか。この可能世界での発展軌道と現実の発展軌道を比較する。
- 反実仮想は、かなりの可能性で起こりえたかもしれないという意味で、妥当な仮想を設定しなければならない（最小限書き換えの基準）。

もしその転機候補が起こっていなかったとしたら、果たして転機が生じただろうか。ダイエー事例を例に取れば、大店法が施行されていなければ、あるいはその運用が強化されていなければ、同社の以後の出店軌道にどのような変化があっただろうか。反実仮想はこのように実際の出来事の不在を仮想する。もしその出来事が転機の必要条件であるとしたら、その出来事が不在ならば転機も生じていなかったはずだと考える。現実に反する想定を立てて、その下での軌道の可能性を探る。この可能軌道と現実軌道との相違は、反実仮想を行った出来事の転機としての重要性を示すものであろう。

しかし、この因果推論に説得力を持たせるには、反実仮想そのものが妥当なものでなければならない。このため、定性分析では最小限書き換えの基準[6]を重視する。これは反実仮想の妥当性を高めるための基準であり、物語分析

---

[6] G. Goertz and J. Mahoney, *A Tale of Two Cultures: Qualitative and Qunatitative Research in the Social Sciences*, Princeton University Press, 2012.（西川賢・今井真士訳『社会科学のパラダイム論争：2つの文化の物語』勁草書房、2015年）

での仮想対象の選び方を示している。この基準によれば，既知の歴史記録の変更を極力最小限にとどめて，反実仮想を行うべきである。このために，反実仮想の出来事は可能性として起こりえたものであり，現実世界の可能性と大きくかけ離れてはいけない。この妥当性を判断するには，特定事例についての詳細な知識だけでなく，理論や一般的知見も必要になろう。

　たとえば，わが国での流通紛争史に照らしてみれば，ダイエー事例で大店法が施行されなかったとすればという反実仮想は妥当性が低い。大型店と中小小売商との紛争は昭和初期の百貨店問題[*7]から連綿と続き，百貨店法を成立させた。大店法の狙いは，百貨店に対抗しうるほど大型化してきた総合量販店などスーパー型の大型店も，百貨店とともに規制対象に取り込もうとしたものであった。

　きわめて多くの中小小売商と一握りの大型店，当時におけるこの2重構造を背景にすれば，新興大型店の急成長も規制対象になることはいわば必然の流れであった。だから大店法が施行されなければという仮想は，歴史の経緯を大きく書き換えることになり，妥当な仮想とはいえないだろう。

　しかし，大店法の運用はそうではない。運用次第で量販店の出店軌道は完全凍結という事態にまでいたらなかった可能性は大いにあった。大店法のような経済法の効力はその運用次第でどうにでも変わる。この法律の前身の百貨店法の時代では，法規制はあるものの百貨店の出店，増床が凍結にまでいたったことはない。ところが大店法の運用では，通産省通達により，1980年代に実質上凍結の期間が続いた。

　所管官庁の通産省がここまで追い込まれたのは，地元民主主義による大店法運用によって，冷却期間をおかなければ収拾がつかないほど紛争が政治問題化しエスカレートしたからである。地元民主主義とは全国各地の商工会議所に設置された商調協に大店法の実質運用を任せたことである。商調協は大型店，消費者，中小小売商の代表から構成されたが，その運営を握ったのは中小小売商である。地元民主主義の採用により，通産省は強大な権限を中小小売商集団に与えてしまった。

　中小小売商のリーダーたちは売場面積や営業時間の調整だけでなく，その

---

*7　鈴木安昭『昭和初期の小売商問題』日本経済新聞社，1980年。

削減をちらつかせ，出店承認と引き替えに各種の協賛金や裏金を大型店に要求した。通産省の元高官の1人は，商調協の調整協議を泥棒に泥棒の裁判をさせるのと同じようなものだと評していた。もし通産省がもっと適切な行政手法をもっと早期にとっていたならば，大型店出店の完全抑制という事態は避けられたであろう。そしてこの運用は十分な可能性を持った仮想である。

　表3.1に示した他のタイプの出来事についても，以上と同じような反実仮想を行うことができる。まず，その出来事が起こらなかったらという仮想の可能性が十分にあることを確認する。タイプAの自然災害などについてこの仮想には現実の可能性があろう。

　外部の出来事でもタイプCの漸次的変化の帰結の場合には，仮想をより注意深く設定しなければならない。大不況，法制変化，技術革新そのものは必然的な成り行きであることが多い。それら自体の不在を仮想することは歴史を大きく書き換えることになり仮想の納得性を欠くことになる。上例で示したように，大店法の施行がなかったらという仮想はできないが，その運用については仮想できるというように，仮想のかたちをより詳細に設定する必要がある。大不況や技術革新の場合も同様である。

　一方，タイプBやDの内部の出来事については，それらの出来事そのものの不在を仮想しても差し支えないだろう。出来事以前の組織対応によってその出来事を未然に防げたかもしれず，その意味で出来事の不在は，歴史上可能であったかもしれない世界として存在しうるものだからである。たとえば，コーポレート・ガバナンスや経営監査体制が健全であれば，企業不祥事は防げたであろうし，企業業績の急激な悪化なども経営者の責任だからである。

　いずれにせよ，妥当な仮想であることを確認した上で，その出来事の生起と不在によって，その後の発展軌道が大きく変わるかどうかを綿密に検討すること，これらが重要転機を見分ける基本的な方法である。

対応状況をどう分析するか

　経営ショックは転機の動因である。しかし，その中には，転機を生み出さないものもある。経営ショックによって将来が一定方向に定められ，企業に

とって選択の余地がない場合である。たとえば，その製品が広域的で甚大な公害病を発生させると，その企業の将来は消滅の方向に運命づけられる。代表事例は化学工業会社チッソである。高度成長期に高収益企業であったが，その工場廃液により水銀汚染の食物連鎖による公害病の水俣病を発生させた。この経営ショックによって，同社は以後，被害者救済のためだけの企業に転落していった。経営ショックによって，同社の将来は運命づけられていた。

　転機が生じるのは，経営ショックが生じても，企業に対応選択の余地がある場合のみである。この経営ショックは企業にとって将来に向かっての不確実性を作り出す。それはかつて地球球体説を信じて大西洋を西に向かったコロンブスの航海[*8]に似ている。転機で企業は異なる決定をする可能性がある。どう対応するかにかんして選択の余地がある。どの選択をするかで，企業が歩む経路は消滅，復活，漸進のいずれかになる。

　しかし，対応選択はまったく企業の自由意思の産物であるというわけではない。選択の余地があるといっても，選択肢が無限であり，対応がまったく自由であるというわけではないからである。選択肢の範囲には，その転機時に存在する環境と主体の構造条件によって境界がある。環境条件は企業を取り囲む対象市場，競争関係，取引関係，技術状態，景気動向，法規制などであり，主体条件は企業が持つヒト，モノ，カネ，情報，組織といった経営資源，経営トップが埋め込まれている血縁，地縁や友人関係など種々な関係性ネットワークから構成されている。

　転機時点ではこれらはすでに先行的に生じており，意思決定にさいしての与件であるという意味で，対応の構造条件になっている。それは個人の出自がその後の人生での与件になるのと同じである。転機対応がどのような結果を生み出すのか。それは構造条件と主体的選択のいわば化学的合成物である。いずれがそれを規定したのか。それらを分離できない。子供の身体について，父親と母親の作成部分を分離できない。それと同じく，転機対応の結果は，企業の自由意思と環境条件の谷間で生まれる。

＊8　林屋永吉訳『コロンブス 全航海の報告』岩波文庫，2011年，参照。

転機のこれらの特質からみると，その分析には比較歴史分析の手法が参考になろう。この手法は近年に政治学の領域で発展している[*9]。この手法によれば，行為主体の立場に立った転機対応状況の再現を勧めている。経営世界を念頭に置けば，再現にさいして焦点を当てるべきはポイント3.4に示すような側面であろう。

対応状況の分析視座 ポイント3.4

1　転機対応（気づきと行動開始）のタイミングはどうか
　　● 誰が中心的な意思決定者か
　　● 情報処理機構の状態はどうか
2　対応選択肢としてどのようなものがありえたか
3　何が最終選択を決めたか
4　その選択は成果にどう影響したか

比較歴史分析は，政治世界を念頭に置き，これらすべてを強調しているけれども，経営世界を念頭に置けば，ポイント1の転機対応のタイミングが決定的に重要になる。また残りの視座についても，経営世界の特質を踏まえてその具体的内容を修正しなければならない。

3. 転機対応のタイミング

重要性と難しさ

たとえ対応内容は同じであるとしても，それをいつ行うのかのタイミングが経営世界では決定的に重要になる。具体例としてはPOSシステムの導入がある。高度経済成長の結果として，70年代後半から80年代にかけて消費市場は大きく多様化し始めた。まず，誰が消費者かという主体が変化した。従来の専業主婦（家族の購買代理人）に加えて，学生，子供，独身者，共稼ぎ消

---

*9　G. Cappoccia, "Critical Juncture and Instututional Change", in J. Mahoney and K. Thelen eds., *Advances in Comparative Historical Analysis*, Cambridge University Press, 2015.

費者などに消費主体が分化した。それに伴い，求められる商品，購買の時間帯などが変わった[*10]。

　この消費多様化に対して，メーカーも多品種少量生産など生産体制の対応を迫られたが，流通業はもっと深刻だった。特定店舗の商圏は全国市場ではなく，地理的限定を受けた地域市場である。その市場での顧客の年齢・所得層，ライフスタイルなどは，店舗立地により多様に異なっている。この相違により，チェーン店では店舗間での対象顧客，売れ筋商品，来客時間帯の大きい相違が生じた。これに対応するには，各店舗の売れ筋商品について単品管理を行い，その情報にもとづき機動的なサプライチェーンを構築する必要があった。この種の対応だけが，商圏特性に対応した店舗の個別対応を可能にした。

　前章でも触れたように，セブン−イレブンの経営トップ，鈴木敏文は，この転機の流れをいち早く読んだ。かれは82年に他社に数年も先駆けてPOSを全店導入した。同時にその情報に連動する機動的なサプライチェーンの構築に取りかかった。セブン−イレブンの成功を見て，競合他社も同種のシステム導入を模倣したが，その後長い期間にわたりセブン−イレブンに追いつくことはできなかった。それはセブン−イレブンと他社との客単価には現在でも大きい構造的差異があることにも顕著である[*11]。

　情報システムの利用ノウハウの習得経験は累積的である。データベースの蓄積も同じである。セブン−イレブンの気づきは，他社に先駆け10分前に出発した新幹線に乗ったようなものであった。10分遅れの列車に乗った他社は，同じ列車内で先頭車両に移動できても，先発列車には移動できなかった。

　環境変化など潜在的転機が現れ始めたとき，同じように直面したとしても，転機であると認識する時点は，人，組織により異なっている。転機は企業の将来について不確実性を生み出す。環境条件がどのように発展していくのかについて見通しがつけにくい。その方向に気づいたとしても，どう行動すれば

＊10　消費市場の変貌過程の詳細については，田村正紀『消費者の歴史』千倉書房，2011年参照。
＊11　POSシステム導入の経緯の詳細は，田村正紀『セブン−イレブンセブンの足跡：持続成長メカニズムを探る』千倉書房，2014年参照。

よいのか。どのような選択肢がよいのか。それが明確にわからないのだ。この五里霧中のごとき不確実性が、転機への気づき時点の散らばりを生んでいる。

　表3.1に示した転機動因のうち、タイプAからCの出来事、つまり自然災害、企業不祥事の発生、法律改正などは経営主体の意図にかかわりなく生じる。待ったなしに転機が始まる。行為者は強制的に転機状況に立たされる。転機の持続期間は短いから、その対応策を迅速に選択できなければ、時宜を逸する危険がある。これらの動因の場合、転機対応の時期を確定するのは容易である。

　しかし、タイプDの後期ロックインでの業績悪化という動因の場合には、転機対応の時期は企業によって大きく分かれる。そのわけは複雑物語での前半で起こる成功物語である。成功物語は多くの場合に企業をパクス状態に移行させる。パクス状態で転機がなぜ生まれるのだろうか。それへの対応時期が企業間でなぜ大きく分かれるのだろうか。勝って兜の緒を締めよ、といった古来の格言があるにもかかわらず、パクス状態での転機到来への気づきとそれへの対応ほど難しいものはない。複雑物語ではこれらの分析が中心課題の1つとなろう。

パクス状態での転機到来

　パクス状態は成功物語の果実を収穫する秋である。メーカーの場合には強力ブランドを支える経営資源としてヒト、モノ、カネ、情報、組織などの占有や特許などがあり、流通企業の場合には肥沃商圏での立地独占あるいは法規制による新規参入への障壁、あるいは商品供給への強力なネットワークなどあれば、パクス状態が訪れる。パクス状態で人や組織はしばしば陶酔の境地に入る。それによって極楽トンボにもなりかねない。

　人でも企業でも有頂天になって舞い上がっているときがいちばん危ない。優良企業衰退の比較事例分析を行ったコリンズ[12]も、衰退の第1段階として「成

---

[12] Jim Collins, *How Mighty Fall: And Why Some Companies Never Give In*, 2009.（山岡洋一訳『ビジョナリーカンパニー③：衰退の5段階』日経BP社、2010年）

功から生まれる傲慢」を指摘した。パクス状態への入り口では，安定的な高収益体制を維持している。このようなパクス状態で，従来の発展軌道の転換を要する潜在的転機はどのように到来するのだろうか。

　潜在的転機とは，行為者の気づきいかんにかかわらず，最終的に業績を悪化させるはずの客観的な動因である。パクス状態で潜在的危機は静かに忍び寄ってくる。成功は失敗の母であり，その胎内では未来の失敗の子種が育まれ始める。その基本的契機は何だろうか。一方で，環境変化により出来事（行為パターン）の見返り創造メカニズムが変質し始めているのに，他方でロックイン，とくに組織的ロックインにもとづく組織漂流により行為パターンが固定化し硬直化していること，これらの合体によって将来の失敗の子種が宿るのである。物語分析はこの過程を追跡しなければならない。

　まずパクス状態の時期を確定して，どのような転機機会が忍び寄っているのかを分析する必要がある。パクス状態の確認は経路依存の見返りが多かれ少なかれ安定しているかどうかで判断できよう。見返りが傾向的に低下し始めると，環境変化などによる転機機会が到来しつつあることの兆しかもしれない。それに気づき，それまでの経路依存を切断し，新しい経路創造をするときに転機が始まる。まず，転機到来の様子を事例によって示しておこう。

ダイエーへの転機到来

　経路依存の見返りデータとして有価証券報告書などを利用できるときには，パクス状態や転機到来の時期を確定することは比較的に容易である。具体例としてダイエー事例を検討してみよう。ダイエーの急成長のエンジンは総合量販店のチェーン展開であった。この経路依存の見返りを評価するには収益力などを示す財務指標が役立つ。とくに本業の収益力を総合的に経年的にみるには営業利益が適切である。図3.3の営業利益と営業利益率で見てみよう。

　営業利益は次式で計算する。

　　　　営業利益＝売上高－商品原価－販管費

商品原価は商品仕入れ額であり，販管費（販売費及び一般管理費）は売上達

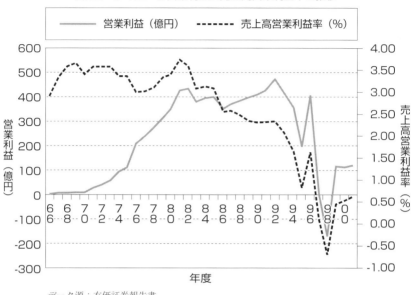

図3.3 ダイエーの営業利益と売上高営業利益率の推移

データ源：有価証券報告書。

成のために要した費用である。だから営業利益は本業による収益力を示すことになる。売上高営業利益率は売上に対する営業利益の比率であるから、収益性を表し収益力評価の指標になる。

図3.3の推移でみると、三越を抜きミクロ流通革命を達成した1972年まで、この経路依存過程は、年々、3.4％前後の安定した売上高営業利益率を生み出していた。この間、店数拡大により売上高も拡大したから、営業利益はうなぎのぼりで上昇した。74年の大店法施行以後になると、売上高営業利益率は直後は落ち込んだが、通産省通達による出店凍結が厳しく行われた85年までの期間について、平均3.30％と安定していた。営業利益は大店法施行後も成長率は鈍化したといえ上昇を続け、通産省の出店自粛通達以降から85年まで横ばいが続く。

これらからみると、ミクロ流通革命を達成した72年からの少なくとも数年間は、ダイエーはパクス状態にあったと判断できよう。中内㓛はミクロ流通革命による流通の覇者として賞賛の的になっていた。小売業トップの座を得

ながら本業収益は安定しており，一方で都市への人口移動によりとくに郊外店舗の商圏内人口がまだ増加していた。本業収益を低下させるような競争者参入なども，大店法の施行でその脅威が激減した。同法の施行によって，流通業界の既存序列が固定化した。これはトップ企業のダイエーに有利に働いたから，パクス状態にいたるのに寄与した。

しかし，大店法施行後，数年を経過するにつれてパクス状態の余韻は消え始める。そして82年の通産省通達で潜在的転機が鮮明になった。新規店舗を出せなくなったからである。経路依存での出来事再生（チェーン展開）ができなくなった。それだけではない。とくに重要なのは営業利益率が低下し始めたことである。店舗が増やせないから売上高が低迷する。その結果，営業利益率の低下は営業利益の減少に直結することになる。営業利益率はなぜ低下し始めたのか。

1972年時点で，売上と原価の差額が売上に占める比率，つまり売上総利益（マージン）率は17.9％であったが，82年には21.6％まで上がり，以後90年までこの水準で前後した。これは商品原価の切り下げよりも，むしろ全体としての品揃え売価水準が上昇した結果である。総合量販店は低価格の目玉商品で客を吸引し，その客が粗利益率の高い衣料品や雑貨をついで買いすることによって全体としての利益を確保する。郊外立地店が増えるにつれて品揃えは拡大し，その中で非目玉商品の割合が増加した。全体としての品揃え売価水準が上昇したのはこのためである。

目玉商品の比率が低下するにつれて，スーパーはもはや安くないという消費者の声が聴かれるようになった。粗利益率が向上しているにもかかわらず売上高営業利益率が減少し始めた理由は販管費の上昇である。72年時点で14.3％であったが，82年には18.0％にまで上がり，以後90年までこの水準で推移した。それに寄与した要因はとくに人件費，物流費，広告宣伝費が上昇したことであった。

以上の財務数字の推移は何を物語っているのだろうか。一口でいえば，ダイエーの急成長を推進してきたエンジンの劣化である。ダイエーの最大の武器であった破壊的な価格訴求力は消えた。それを支えてきた大量集中仕入れ

による原価切り下げも，品揃え範囲が拡大するにつれ，限界にいたっていた。とくに家電，日用雑貨，食品の領域では，業界トップ・メーカーがダイエーのバイイング・パワー行使の前に立ちはだかったからである。松下電器，花王，資生堂，味の素，サントリーなどとの価格設定をめぐる抗争はその例である。

　収益性低下の要因として，とりわけ注目すべきは販管費の上昇である。それはチェーン業務を効率化する業務革新がほとんどなされず，チェーン化が進むほど規模の不経済が発生し始めたことを示している。世界一の流通業ウォルマートの売上高販管費率が長期間にわたり一定水準で維持されてきたこと，またわが国ではセブン-イレブンの販管費率が一定水準に維持されてきたことなどときわめて対照的である。[13] ダイエーによる創業以来の流通革新は，その本業についていえば，80年代に終止符を打とうとしていた。本業での収益性低下と出店規制がダイエーに転機をもたらした基本要因である。

4. 対応タイミングはどのように決まるか

対応タイミングのモデル

　潜在的転機の到来とそれへの対応タイミングは，まったく別問題である。潜在的な転機が到来していても，経営者がそれに気づかなければ対応は始まらない。気づいても対応が遅れれば，タイミングが遅れる。未曾有の赤字転落といった動因は，転機への対応タイミングがもっとも遅れた場合に生じる事態である。

　対応タイミングの問題は，とくにパクス状態で密かに忍び寄る潜在的転機についてとくに重要である。多くの盛衰物語はこの対応タイミングに関連している。この分析は盛衰物語の核心である。月も満ちれば欠け始めるように，パクス状態でも転機は遅かれ早かれやってくる。その到来はパクス状態の終焉を意味している。その後に，漸進，復活，それとも消滅，どの道を歩むこ

---

*13　田村正紀『先端流通産業：日本と世界』千倉書房，2004年。

とになるのか。パクス状態の終焉は，これらの道への岐路でもある。

　火事になりそうな火種を絶えず消していれば火事は起こらない。火が広がっても消火出動できる場合には大事にならない。しかし消化できないほど燃え上がってしまっていれば大事にいたる。同じように，転機を早期に自覚して，存亡の危機にいたりそうな火種を絶えず消していれば企業は漸進的にせよ成長していく。転機への気づきが少し遅れても，それへの対応行動がとれる場合には，再び成長軌道を取り戻して復活物語を作ることができるかもしれない。しかし，転機の気づきが時宜を逸して，焼け石に水のような状態になり，いかなる対応も有効でない状況に追い込まれてしまうと，消滅への急坂を転げ落ちるだけである。

　こんなことは誰でも知っている。それにもかかわらず，転機への対応タイミングは企業によってかなり変動がある。とくにパクス状態の過程での潜在的転機への対応タイミングについては，企業間でかなり時点差異がある。なぜだろうか。物語での対応タイミングの分析はかなり複雑な問題になる。分析にさいしての焦点を明確にするため，対応タイミング・モデルを図3.4に示しておこう。このモデルは対応タイミングに関連する要因とそれらの間の錯綜した関連を示している。タイミング分析のさいの案内図となろう。

　このモデルによれば，対応のタイミングは気づきの早さと対応の早さで決まる。気づきとは転機をもたらすはずの動因についての気づきであり，対応とはその動因への対応である。両者とも早い場合には，対応のタイミングも

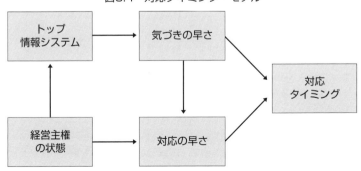

図3.4　対応タイミング・モデル

早くなる。気づきがなければ,対応もできないから,対応の早さは気づきの早さにも依存している。気づきの早さが対応の早さに影響するのである。しかし,気づきが早くても,優柔不断であれば対応が遅れることもある。気づきの早さは対応の早さの十分条件ではなく,必要条件に過ぎない。

　転機への企業の気づきや対応の早さは,経営主権の状態とトップ情報システムの影響を受ける。経営主権とは,企業や組織の統治様式を最終的に決める最高権力のことである。[*14] いわゆる経営トップが多くの場合にこの経営主権者である。一方,トップ情報システムとは経営主権者が利用する情報処理システムである。

　個人の情報処理と同じく,トップ情報システムも知覚系と認知系の下位システムからなる。前者はどのような情報をどの経路で集めるかにかかわり,後者は集めた情報の解釈・判断にかかわる。認知系の中核は,どのような経営成果指標を重視するかだけでなく,経営トップの将来ビジョンや信念も含んでいる。これらに照らして,経営トップは収集情報の重要性を判断している。

　トップ情報システムが気づきの早さに直接に影響し,経営主権の状態は対応の早さに直接に影響する。経営主権の状態は,トップ情報システムにも影響を与えるから,それを通じて気づきの早さに間接的な影響を与えている。対応タイミングの物語では,モデルに示されている要因とその関連を,該当する出来事を通じてたどらねばならない。

転機対応の特質

　この追跡にさいしては,なぜ経営主権の状態やトップ情報システムが対応タイミングと関連するかを十分に理解しておく必要がある。この関連性は転機対応の特質から生じる。その特質とは転機対応が例外状況での意思決定を要することにある。

　転機では多くの場合に組織の意思決定状況は例外状況になる。例外状況とは何か。企業などの組織では,過去の成功体験,組織風土,戦略によって生

＊14　例外状況と主権の関係については,C.シュミット,田中浩・原田武雄訳『政治神学』未来社,1971年参照。

み出された決定ルールがある。それによっていわばプログラム化された決定ができる。いわゆる定型的な常規決定である。例外状況とは，従来の制度や戦略の下で採用されてきた定型的な決定ルールが使えない状況である。自然災害や企業不祥事の発生の場合に，それぞれ状況は特異であり，前もって定められたルールがあってもほとんど適用できないことが多い。パクス状態での転機でも，従来の経路依存の切断にかかわる点で状況は同じになる。

例外状況での対応決定は，経営主権がどこにあるかに依存している。経営主権を握っている経営トップは1人あるいは複数からなる。転機への対応では，不確実性が大きければ大きいほど，経営トップによる決定が不可欠になる。例外状況で対応の最終判断を下すこと，これが経営トップのもっとも重要な役割である。経営主権の状態は組織によりかなり多様である。誰が経営主権を握っているのか，つまり経営主権の状態は，経営主権の集中度によって多様である。

一方には，1人に経営主権が集中している場合がある。たとえばオーナーでかつワンマンの社長，オーナーでなくてもカリスマ性を持つ経営者などがその例である。他方には，経営主権が分散化し，重要事項は取締役の合議で決めている組織がある。取締役の互選で選出されて担ぎ出された御興型の社長などはその例である。この中間には種々な形の経営主権がある。カリスマ経営者であっても，重要事項の決定については，取締役会の賛成という制約があるかもしれない。他の条件が同じならば，経営主権が集中しているほど，転機への対応は早くなる傾向があろう。調整の必要が少なくなるからである。

しかし，経営主権が集中していても，転機対応の早さはトップ情報システムによって大きく変動する。このシステムが転機到来の気づきの早さを決め，それを通じて対応の早さに影響するからである。トップ情報システムとは，トップが情報を収集し，情報の意味を解釈する仕組みである。

たいていの組織は業務現場の第一線を広い底辺とし，経営トップを頂点にしたピラミッド型をしている。この組織構造という点からみると，現場情報のすべては部，課，係など組織階層をへて経営トップに向かって伝達される。しかし，組織で生じるすべての事件や出来事の情報が経営トップに生のまま

で伝達されるわけではない。大規模組織ではとくに，全情報を伝えようとすれば，その情報量は経営トップの情報処理能力をはるかに超えるからである。経営トップのこの情報過負荷に対応するため，組織の下部階層は種々の濾過装置を使う。生の現場情報を要約したり，環境情報の不確実性さえも確実であるかのように伝えて不確実性吸収を行う[15]。

　これらの大規模組織では不可欠な情報処理様式に加えて，下位組織による種々の情報歪曲が発生する。たとえば，経営トップの耳に心地よく響く情報だけをあげるなど，下位組織で上方伝達情報のふるい分けが発生する。ワンマン社長，カリスマ社長，あるいはまだ実力が備わらない二世社長が経営トップである場合によく発生する事態だ。かれらが側近集団に取り囲まれているとき，この側近集団が情報の組織歪曲を最終的に完成させる濾過装置として働くだろう。情報歪曲はとくに転機の気づきタイミングに深刻な影響を与えるだろう。

　偉大な経営トップの中にはこのような情報歪曲に対抗するため，公式組織とは別に自前情報ルートを構築する者もいる。たとえば，松下幸之助は組織の各階層から有能社員を数人ずつ選び，いつでもかれらと直接電話できるネットワークを自宅電話を中心に作っていた。それによって自分の指令が各階層にどのように浸透しているかを捉えるとともに，重要な現場情報を歪曲なしに吸い上げようとしていた。

　流通経営者はよく自店舗の現場視察に出かける。しかし，この種の情報ルートでさえも情報の組織歪曲が忍び寄ることも多い。社長室などの同輩から店舗視察日時を非公式に知った店長は，数日前からチラシをうち，納入業者に依頼して売場商品を充実した。いわば経営トップ視察日に向けて，活性化し来客のあふれる「晴れ姿売場」を一時的に作ったのである。そこはありのままの現場ではなく，経営トップのご機嫌を伺うための作為的な現場であった。

　トップ情報システムは経営主権の状態によっても影響を受ける。その状態が分権的であるとき，情報は組織内の権力抗争の重要な武器になる。だから

---

[15] J. G. March and H.A.Simon, *Organizations*, Wiley, 1958.（土屋守章訳『オーガニゼーションズ』ダイヤモンド社，1977年）

情報シェアリングへの要求が強くなる。それにつれて公式組織による情報伝達により強く依存するようになるだろう。公式組織でシェアリングが十分にできないときには、料亭や居酒屋でのノミニケーションが補完的な役割を果たす。高級寿司屋や居酒屋でのサラリーマンたちの会話を傍聴すれば、その一端を窺えるだろう。

主権の状態が集権的であるときには、さらに経営トップがカリスマ化すればするほど、上述の情報の組織歪曲の危険が忍び寄る。このような情報状況では、経営主権者は真っ暗闇の中で片足で立とうとしているようなものである。周囲世界の知覚情報が得られないから平衡感覚が保てない。対応のタイミングを逸するのはこのような状況に置かれたときであろう。

特定事例の物語分析をその事例の外部観察者が行うとき、トップ情報システムの内実を完全に把握することは難しい。それは企業経営の奥の院のようなものである。少数の内部者以外は近づけない。しかし、以上のような組織伝達の機能様式を知り、調査事例でのトップ情報システムについて仮説を作ることは物語分析に有用である。

何よりも仮説は情報探索にさいして注意の焦点を定める。仮説による問題意識をもって情報を探すようになる。言い換えればこの仮説はマスコミ報道、取引先など外部へのヒアリングなどで得た情報の裏を読むことを助ける。そのさい単一の情報源だけでなく、複数情報源からの情報を比較検討することは不可欠な作業だろう。これによって仮説を支持すると信頼できる情報証拠が得られれば、仮説への信頼はますます高まっていくであろう。

これはいわゆるベイズ推論に他ならない[*16]。この推論では、仮説妥当性について分析者が事前に持っていた主観確率（信頼度）が、以後の調査による追加情報によって修正されていくことになる。仮説を支持する証拠がみつかれば主観確率は高まり、逆は逆である。この修正は初等確率論で習うベイズ定理に従

---

*16　事例研究でのベイズ推論の意義については、A.L.George and A. Benett, *Case Studies and Theory Development in the Social Sciences*, The MIT Press, 2005（泉川泰博訳『社会科学のケース・スタディ：理論形成のための定性的手法』勁草書房、2013年）参照。またベイズ定理の入門的解説については、涌井真美『図解・ベイズ統計「超」入門―あいまいなデータから未来を予測する技術』、SBクリエイティブ、サイエンス・アイ新書、2013年参照。

う。この定理によれば，証拠が得られた後の仮説への信頼度を，証拠Eがある場合に仮説Hが生じる条件確率Pr(H|E)で表すと，それは次式で決まる。

$$Pr(H|E) = \frac{Pr(E|H) * Pr(H)}{Pr(E)}$$

ここでPr(E)はそのような証拠が発見されることについての調査者の事前の見通し（主観確率），Pr(H)はその仮説の正しさについての調査者の事前の信頼度（主観確率），そしてPr(E|H)はその仮説が正しければ証拠が発見されると調査者がどの程度に思っているかの信頼度（主観確率）である。

5. 転機対応の選択肢

選択の主観状況

　転機にさいして，経営トップには複数の選択肢がある。しかし，その範囲は無限ではない。経営トップは自由意思によって多様な選択肢から選択できるというわけではない。転機対応は限られた選択肢の中からの選択である。この選択範囲がどのような条件によって制約されていたのか。物語分析の重要なポイントはこの点にある。

　このような条件としてしばしば言及されるのは環境条件である。環境条件には，まず経営サイクルが直接に対峙する市場がある。製品・サービスの販売市場，生産要素の供給市場，そして金融市場である。また，マクロ経済，技術，生活構造，法規制における構造条件も環境条件に入るだろう。たしかにこのような環境条件は転機対応の選択範囲を制約する。

　しかし，同じような環境条件に直面しても企業対応は異なる場合が多い。たとえば80年代に総合量販系の大手流通企業の環境条件はほぼ同種であった。しかしその転機対応はそれぞれに違っていた。ダイエーやセゾンは量販店以外の他業態だけでなく，非流通分野にまで積極的に進出しようとした。一方でイトーヨーカ堂やジャスコの主要事業は本来の量販系にとどまり，コンビ

ニ進出したぐらいであった。このことは環境条件が選択範囲の大枠しか決めないことを示唆している。この大枠内での選択範囲の幅は何によって限定されているのだろうか。

この点を分析するために，物語分析は，選択における経営トップの主観状況を取り上げる。主観状況とは，転機時において経営トップが選択状況をどのように見ていたか，つまりその見え姿である。主観状況の再現により，物語の結末という高みに立って，過去をいわば風景的に振り返る歴史家や物語分析者が陥りやすい後知恵バイアスを防ぐのにも役立つ。こんなことは予見できたはずだといった批判は，後知恵バイアスによる経営トップ批判の代表例であろう。しかしもっと重要なことは，この主観状況の再現により，転機での選択範囲を制約していた諸条件を明らかにする途が開けることである。

経営ショックは，眼前の暗雲のように，企業の意思決定に不確実性を生み出す。それには次のような側面がある。
- 将来に影響する企業外部の環境状態として何が生じてくるだろうか。
- それに対応するための選択肢として何があるだろうか。
- 各選択肢は環境状態と相互作用して，どのような結果を生むだろうか。
- 何を基準に選択肢を選ぶべきだろうか。

選択の主観状況とは，転機時点での決定状況について，経営トップの立ち位置からみた主観的な見え姿である。意思決定論の枠組みに従えば，この見え姿はポイント3.5に示す要素からなる。

経営トップからの見え姿の要素　　　　　　　　　　　　　ポイント3.5

- ➤ 環境の状態　　意思決定の結果に影響する企業外部の環境状態の認識
- ➤ 状態生起の確率　環境状態が起こると考えている主観確率（信頼度）
- ➤ 選択肢　　　　転機対応として考えている選択肢
- ➤ 結果の効用　　環境状態と選択肢の組み合わせで生じる結果についての効用

80年代の多くの経営者がもっとも関心を寄せた環境状態は地価がどうなるかであった。環境の状態とは，たとえば地価が「まだ上がる」，「横ばいにな

る」,「下がる」ということである。状態生起の確率とはこのような状態の可能性がどの程度であるかという読みを確率のかたちで表したものである。この場合，店舗開発をするさい自家所有かそれともリースでやるかといった選択肢がある。この選択肢は環境の状態との組み合わせで，売上高や利益など種々な結果を生む。結果の効用とは結果について，「好ましい」,「好ましくない」,「どちらでもない」といった意思決定者の評価である。

主観状況の再現

経営トップの主観状況を再現するには，どのような方法があるだろうか。その有効な方法の1つは，意思決定の枠組みで客観状況と主観状況を対比することである。表3.2がその例を示している。表中でAは選択肢，Eは環境状態，Oは両者の組み合わせで生じる結果である。添え字はそれぞれにおける相違を表している。

客観状況とは物語終了後に転機当時を振り返った場合に，当時の経営世界では想定できたはずの環境状態や可能な選択肢からなる状況である。客観状況は，歴史家や物語分析者が転機について語るさい，物語の結末あるいは結果という高みから過去を振り返り見ている状況である。一方で，主観状況はその客観状況のうちで，経営トップが転機時点で想起し考慮した環境状態と選択肢からなる。表中の網掛け部分がこの主観状況を示している。経営トップの主観状況は，客観状況とかならずしも同じものではない。

表3.2 意思決定の枠組みからみた主観状況（網かけ部分）

			環境の状態				
			想起			想起外	
			E_1	E_2	E_3	E_4	E_5
選択肢の可能集合	想起	A_1	O_{11}	O_{12}	O_{13}	O_{14}	O_{15}
		A_2	O_{21}	O_{22}	O_{23}	O_{24}	O_{25}
		A_3	O_{31}	O_{32}	O_{33}	O_{34}	O_{35}
	想起外	A_4	O_{41}	O_{42}	O_{43}	O_{44}	O_{45}
		A_5	O_{51}	O_{52}	O_{53}	O_{54}	O_{55}

相違の中でとくに重要なのは，選択肢での可能集合と想起集合の相違である。この相違は環境状態での想起範囲の差異も反映している。選択肢の可能集合は，物語が終わった時点以降に，当時を振り返り可能であったはずだと見なす選択肢の範囲である。その特徴は，物語の帰結という高みから，過去の転機時点を風景的に振り返っている点にある。

　この範囲を確定する有効な方法は，同種の状況に直面していた他企業がどのような選択をしていたかである。たとえば，流通業界ではジャスコ（イオンの前身），イトーヨーカ堂，ニチイ，西友などの流通企業も，ダイエーと同じような状況に直面しつつあった。これらの企業の対応のリスト全体は転機時点の可能集合に近似しているはずである。

　選択肢の想起集合とは，転機時点で経営トップに見えていた主観的な選択範囲である。それは転機で経営を打開するために考慮している選択肢からなる。それらは転機時点という時間位置からみた将来方向である。想起集合は主観的である。経営トップの頭の中でひらめき，また胸中に想いとして秘めた選択肢である。だから外部観察者がそれを直接に確認することはきわめて難しい。

　経営トップはすでに死去しているかもしれない。たとえ回想録を残していたり，直接にヒアリングできる場合でも，想起集合の資料としては，多くの歴史家が行うように，批判的に検討する必要がある。心の内に秘め，語らない部分があるかもしれないからである。とくに消滅物語の場合はそうであろう。さらに回想録もヒアリングもできない場合には，想起集合の確認はどうすればできるだろうか。

　唯一の方法は転機対応における試行錯誤のリストを作ることである。まずは当時の新聞・雑誌記事のアーカイブを精査し，当時の事情を知る者にヒアリングができればさらによい。とくに流通企業では，新業態の構想などがあると，実際にその種の実験店舗を出店してその業態実験することが多い。成果がでなければすぐにやめる。大企業や注目される企業が転機に立つと，その動向はマスコミの注視の的になる。アーカイブなどに記録された試行錯誤の足跡は，転機での想起集合の中核を近似的に示している。この具体例は次章の表4.1で示され，分析されている。

認知，資源，価値上の限界

　物語分析者と決定当事者とでは転機をみる時間位置が違うから，想起集合と可能集合は当然に異なってくるはずである。当然に可能集合の方が想起集合よりも多くなるだろう。この２つを比較すれば，経営トップの選択範囲を制約する認知，資源，そして価値上の限界を明らかにすることができよう。

　認知限界とは，選択肢範囲の可能性についての情報不足による限界である。その選択肢についての知識がないため，想起集合に入らない。この限界はトップ情報システムに依存している。たとえばPOSシステムの導入がセブン－イレブンに数年遅れた残りの企業は，POSによる機動的なコンビニ売場の構想などは思いもつかなかった。

　情報技術が急速に発展し始めた80年代当初では，これらの経営トップやそのトップ情報システムの知識では，コンピュータとそのネットワークの潜在力を評価することはできなかったからである。この情報技術と流通の両知識を融合しなければ，この種の構想は誕生しない。会計とコンピュータのいずれかの知識が欠如すれば，経理の電算処理は思いもつかない。ウサギの知識のない人には，図3.5でアヒルだけを見てウサギのいることは認知できないのと同じである。

　資源限界とは，特定用途に利用可能な経営資源としてのヒト，モノ，カネによる制約である。経営資源の多くは先行の経路依存により特定の属性形態を取って蓄積される。ヒトとモノの場合には，その属性が用途に適合しているかどうかが問題である。スーパーの店員は百貨店の店員に向かないし，スーパーの立地跡に百貨店を出店することはできない。百貨店開発が転機対応の候補にあがるとしても，スーパーの持つヒトやモノは経営資源としてそのために利用できない。また新規事業などには資金がいる。キャッシュフローに余剰資金がなく，また銀行融資を受けるための担保力がなければカネが制約になる。

　価値限界とは，広く価値観と呼ばれているものによる制約である。経営トップの価値観には，利益や売上などにかかわる経営財務指標だけではない。経営トップ個人の信念や哲学，好み，将来ビジョン，そして思い込みなどもが

図3.5　ウサギ－アヒルの頭[*17]

含まれている。さらに社歴のある企業ではその組織文化もこの価値観の源泉になっているかもしれない。

　価値観には意思決定における目的と同じような機能がある。選択肢の善し悪しを判断する選択基準になるだけでなく，どのような選択肢を考慮に入れるかという選択肢創造の機能がある。それは人が価値観にしたがって人生行路を選択するだけでなく，考慮対象になる種々の人生行路自体も価値観によって考え出すのと同じである。

何が選択基準になるか

　転機にどのように対応するのか。その決定は転機における不確実性の水準によって異なってくるだろう。意思決定論[*18]によれば，この不確実性の水準は表3.2で示したような起こりうる環境の状態について，意思決定者がどの程度に情報を持っているかで決まる。不確実性には，次のような水準がある。
(1)どの環境状態が生じるか確実にわかっている。
(2)各環境状態が生じる確率，つまり環境状態の確率分布がわかっている。
(3)環境として何が起こるか，つまり環境状態のカテゴリーはわかるがそれ

＊17　L.ウィトゲンシュタイン，藤本隆志訳『哲学探究』大修館書店，1976年。
＊18　意思決定論のテキスト，たとえば飯田耕司，「不確実性への挑戦：意思決定分析の理論」三恵社，2009年参照。

らの確率はわからない。

(4)環境状態としてどのようなことが起こるかそのカテゴリーもわからない。

転機を生み出すような経営ショックは，その対応策の環境状態として，水準(3),(4)のような不確実性を生み出す。このような状況に対応できる唯一の意思決定基準は存在しない。水準(3)については意思決定論で数種の基準が提案されてきた。それらの基準には，

- ラプラス基準　　　　　環境状態の生起について等確率を想定する
- ワルド基準　　　　　　最悪の状態を想定する
- マックス・マックス基準　もっとも楽観的な状態を想定する
- ハーヴィッツ基準　　　楽観と最悪を混合して考える
- サベッジ基準　　　　　後悔度を最小にする

などがある。

基準によって選ばれる選択肢は異なってくる。どの基準が採用されるのか。それは，決定問題の性質だけでででなく，経営トップの信念や哲学を反映している。さらに不確実性水準が(4)になると，決定基準の選択は経営トップの信念・哲学以外に頼るものはない。信じる道を歩む以外に方法はないのである。転機がきわめて高い水準の不確実性を伴うものであるとすれば，対応選択の物語分析では経営トップの信念の検討は不可欠になる。この分析の具体例は次章で示すことにしよう。

以上を要約すれば，転機対応の選択を物語るさいには，ポイント3.6がその焦点になろう。

転機対応での選択物語の焦点　　　　　　　　　　　ポイント3.6

➢主観状況の再現	転機状況を経営トップはどう見ていたか
➢選択肢の想起集合	どのような選択肢を経営トップは考慮していたか
➢選択肢の可能集合	他事例比較により，どのような選択肢が可能であったか
➢選択肢の制約	想起集合と可能集合の比較により，認知，資源，価値上の限界を見つける
➢経営トップの信念内容	決定基準としての信念内容を検討する

第4章

消滅・復活・漸進
－複雑物語の3つの帰結－

迫り来る転機にいつ，どのように対応するか。転機への対応タイミングとそのさいの選択によって，複雑物語の結果が決まる。結果は衰退，復活，漸進のいずれかである。本章では，選択がどのように結果を生み出すかの関連について，物語分析の基本概念を事例分析を通して検討しよう。この関連の分析の主要な焦点は２つある。

　第１に，選択された対応策はそれまでの経路依存とどのように異なるだろうか。従来の経路依存の踏襲か，切断か，それとも進化か。あるいはそれらの複雑な組み合わせなのか。従来の経路依存がその内部にいくつかの下位経路を含み，複数の再生メカニズムが作用してきたとき，従来の経路依存と選択の関連は複雑なかたちを取るだろう。

　第２に，選択された対応策は環境要因とどのように相互作用するだろうか。複雑物語の結果は対応策だけでは決まらない。それと環境要因の相互作用によって，衰退，復活，漸進のいずれかの道を歩むことになる。環境要因の状態は，その転機の時期・時代によって多様であり，また歴史的偶然によって特異でもあることが多い。だから選択と環境要因の相互作用も多様なかたちを取るだろう。

　転機対応をどうすればよいのか。どのような転機状況でも通用する一般的なパターンはない。そのわけは事例によってこの状況があまりにも多様だからである。この多様性は，選択が従来の経路依存とどう関連するか，また環境要因がその選択とどう相互作用によって生まれる。

　多様な転機状況を分析するため，物語分析では複雑物語の結果を衰退，復活，漸進の３つのタイプに分ける。そしてこのタイプごとに，対応選択がそれまでの経路依存とどのような関連にあるか，対応選択がその時の環境要因とどう相互作用するかを，出来事の関連パターンとして整理する。この作業は，教訓を示す熟語・ことわざを故事からつくる作業に似ている。

　大学受験にさいして漢文を勉強した人は誰でも，四字熟語がその背後に故事を持っていること知っている。たとえば，四面楚歌，朝三暮四，蟷螂の斧，無用の用，夜郎自大，鶏口牛後などである。四字熟語になると，故事は簡潔に要約され類似状況パターンを分類・認識するためのカテゴリーになる。古

来，これらの熟語は人生の多様な状況でのパターン認識を助け，行動選択の指針として役立ってきた。

高度の不確実性状況では，一般的な決定ルールが存在しない。これに対応するには，そのさいの出来事のパターン知識を蓄積する以外に方法はない。不確実性状況に直面することの多い経営者や政治家が歴史書を好むのは，このパターン知識を蓄積するためであろう。歴史書とは異なり，物語分析では出来事をできるかぎり理論概念で捉える。だから物語分析でのパターン認識は歴史書よりもはるかに明確になる。以下では，衰退，復活，漸進の三種の物語に分けて，そこでの出来事パターンの認識事例を示すことにしよう。

1. 衰退物語のパターン

転機対応の失敗

衰退物語では出来事はどのように連なっていくのか。その筋書きには2つの段階がある。転機対応の失敗と消滅モードである。

消滅モードとは何か。まず，「消滅」状態はいくつかの水準で定義できよう。たとえば，

(1) 企業としての消滅

(2) 他企業による買収・資本参加などで経営主権の喪失

(3) 経営主権は保持するが，以前のような成長企業への復活が不可能な状態

などがある。

一般的にいえば，「消滅」の定義は，どのような課題をもってその事例を分析しているかにより，変わってくるだろう。本書では衰退物語は複雑物語の一形式であり，「消滅」は衰退物語の結果（結末）である。だから本書の物語分析でいう消滅は，上記のすべてのレベルを包括している。

消滅モードはこのような結末に突入する過程に入り，蟻地獄に入った蟻のようにそこから抜け出せないことをいう。負の連鎖が続き，企業消滅あるいは衰退を運命づけられる過程である。消滅モードのパターンはどの事例でも

類似しているが，転機対応の失敗パターンは一様ではない。ダイエー事例により失敗パターンと消滅モードを分けて検討してみよう。

ダイエー事例にみられる失敗パターンは，経営トップをカリスマにしたのと同じ信念が，強力な組織的ロックインの再生メカニズムとして働き，企業を消滅させるというパターンである。いわば成功が失敗の母にもなることを示している。

大店法施行後になると，ダイエー経営トップの中内㓛は総合量販店業態の将来に不安を感じていた。総合量販店は「業態としてそう儲からない」[*1]と思ったからである。その時点から90年代初頭にかけてダイエーが歩んだ試行錯誤の足跡を示す出来事は，前章表3.2でふれた転機対応選択肢の想起集合の中核を示している。選択肢タイプごとに整理すれば，表4.1のようになる。

ホテル，球団経営とその本拠地建設は新規事業であった。それまで総合量販店の展開にもとづく経路依存からいえば，それと並列する別の経路依存を設定したのである。その進出はマスコミの注目を浴びた。しかしこれらの分野では，成功物語時代での総合量販店チェーン展開のように，競争優位性を持っていたわけではない。またリッカーやリクルートへの関与も株式保有だけで経営の内実には大きく関与しなかった。

なぜダイエーはこのような異業種への展開を目指したのか。表向きは生活提案産業への脱皮という看板を掲げた。しかしダイエーの新進出分野ではすでに先発企業が存在し，それらに対して何らかの競争優位性をダイエーが持っていたわけではない。進出の背後には，経営トップ中内㓛の土地神話にもとづく信念がある。長期的にみれば地価は上がり続ける。土地は通常の製品などと異なり容易につくれない。だからできるだけ多くの土地を持つことは経営の根幹の1つだ。これらが信念の内容である。

大都市中心部の地価上昇率は高い。だからホテル事業はこの点で妙味がある。地価の安い土地を取得し，そこに人が集まるビッグプロジェクトを仕掛ければ，その周辺地域の立地としての魅力が高まる。この立地創造によって主体的に周辺地価を急上昇させるのだ。多額の借金で土地取得しても，地価

[*1] 中内潤・御厨貴編著『中内㓛』千倉書房，2009年。

表4.1　大店法施行後のダイエーの足跡，括弧内は20世紀年度

選択肢タイプ	主要出来事（年度）
(1) レジャー事業進出	セントラルプラザ（85），神戸オリエンタル（87），日本ドリーム観光（88），福岡ダイエーホークス（88）
(2) 提携，M&A	マルエツ（81），ユニード（81），アラモアナSC（82），リッカー（87），忠実屋（92），リクルート（92）
(3) 海外提携	ローソン（74），JCペニー（74），マークス&スペンサー（78），オープランタン（80），Kマート（80）
(4) PB開発	資生堂・カネボウと化粧品（75），セービング（80），サリブ（81），カット&プラス（82），ディナーマーム（86），アザト（87），ニューキャプテンクック（87），うまさ発掘（88）
(5) ディスカウントフォーマット開発	ビッグエー（79），トポス（80），Dマート（81），バンドール（85），ハイパーマート（89），コウズ（92）

データ源：「ダイエー行動年代記」。

上昇が続けばソロバンをはじける。ダイエーのレジャー事業進出の底流には，土地保有への中内の信念が流れていた。

　たしかにダイエーの成功物語が始まった頃から，日本の地価は上がり続けた。ダイエーはリースではなく自社物件により店舗開発をしてきた。保有土地が増えるにつれ，地価上昇による含み益は，坂を転げる雪だるまのように増え続けた。そしてこの含み益がダイエーへの銀行融資枠を拡大して成長資金となった。

　86年頃から始まったバブル景気期になると，地価上昇は神話化した。土地神話は時代の共同幻想となっていた。時代の潮流をすばやく見定め，そのトップ・ランナーとして走る。これは成功物語を作り出した中内の行動哲学である。バブル経済の時代，中内はさらにその信念を深めたに違いない。そしてこの信念は本業の総合量販店の停滞と結びつき，銀行融資による本業以外のレジャー事業への積極的進出へと駆り立てた。しかし，それは同時に多額の有利子負債を積み増すことになった。こんなに借金して大丈夫か。90年代になると，この不安が組織内にも芽生え始めていた。

本業での対応

　肝心の流通業についてはどうか。これについての対応は基本的に3つである。

　第1は，提携からM＆Aにいたる道を歩むことであった。新規開発による出店が制約されている中で，GMS関連の店舗数を増やすには競争相手の吸収合併しかない。マルエツ，ユニード，忠実屋などの吸収合併がその事例である。

　しかし，M＆Aは他方で吸収後に経営効率を低下させる。そのわけは色々ある。ダイエーと吸収先との店舗商圏の重複が発生する。余剰人員を抱え込むことによって人件費が増える。物流，店舗業務，事務業務の統合のための調整費用がかかる。これらは売上高販管費率の上昇圧力となった。

　第2は，先進外資のノウハウ取得による，新業態や新フォーマットの開発である。大店法規制の対象外店舗を開発するため，コンソリデーテッド・フーズ社と提携してコンビニ・ノウハウを獲得しローソンを始めた。イトーヨーカ堂のセブン-イレブンに対抗するためである。先発のセブン-イレブンの特質を外形的に模倣し，同社が未進出の西日本などを中心に店舗を増やした。事業としては確立していったが，やがて同業態競争が激化してくる中で圧倒的競争優位は確立できず，セブン-イレブンの後塵を拝していた。

　オー・プランタンとの提携による百貨店も外資ノウハウによる業態開発であった。百貨店といっても，その品揃えはファンション関連に限定していた。都市百貨店なら品揃えする海外高級ブランドは既存百貨店と百貨店問屋による妨害に遭って導入できなかった。その品揃えは20代のヤング女性を標的にしたマイナーブランドが中心であった。神戸や銀座に出店したが，ローソンと同じようにダイエーの屋台骨を支える事業にはならなかった。

　JCペニー，マークス＆スペンサー，Kマートなどとの提携は泡沫的な結果に終わった。実験店などを出すが，成果がでないのですぐやめるという結果が続いた。70年代から80年代にかけて，日本の消費者も成熟し始めていた。また市場には戦後生まれで頭数の多いヤング消費者が新しい消費感性を持って台頭し始めていた。海外の先端流通業のフォーマットであるからといって，すぐに飛びつくような時代は過ぎ去ろうとしていたのである。

PB開発やディスカウントは，ダイエーの屋台骨を支える総合量販店のてこ入れのためだった。とくにミクロ流通革命の初期に，ダイエーは商店街や駅勢圏など既存商業集積地に出店し，その店舗規模も小さかった。70年前後から量販店やそれをキーにしたSCが郊外立地するにつれて，初期開発店舗の業績は急速に低下していた。ダイエーは不採算店舗についてスクラップ＆ビルトの戦略をとらなかった。ダイエー店舗は自社所有が多い。容易につくれない土地というモノを持つ。これは中内の経営哲学であった。だからそれらを活性化しようとした。

　PB開発とディスカウントはいわば両輪であり，初期開発店舗の活性化を中心に総合量販店の競争力を強化しようとするものであった。種々なファミリー・ブランド名をつけてPB商品が開発された。その共同開発者は各製品分野でのトップ・メーカー以外か，中小メーカーであった。顧客訴求力はほとんど低価格だけに依存していた。これらの低価格品を主力商品にする種々なフォーマットのディスカウント店が試行錯誤された。

　ビッグ・エーは食料品，日用雑貨を取り扱う小型店である。トポスやＤマートは総合量販店と同じ規模で，同様な品揃えカテゴリーを扱う中・大型店である。提携したＫマートのディスカウント・ノウハウを適用しようとした。バンドールは家電やスポーツ用品を取り扱った。コウズは外資コストコを模倣した会員制の卸売りクラブである。販売ロット・サイズを大きくして安売りを目指した。ハイパーマートは外資のウォルマートやカルフールの総合量販店フォーマットを模倣しようとしたものである。これらは新規開発だけでなく，総合量販店の不採算店舗のフォーマット転換にも使われた。

　要約すれば，70年代後半から90年代の初頭まで，ダイエーは転機対応のために低価格商品をPB開発する一方で，ディスカウント・フォーマットを試行錯誤的に執拗に追い求めたことになる。成功物語を達成した経路依存との関連でいえば，従来軌道をそのまま踏襲し追い続けたに過ぎない。この経路依存の主要な再生メカニズムは，成功物語の過程で形成された経営トップ中内刀の信念である。それは組織的ロックインとして強力に働いた。経路依存が見返りを生まなくなっても，ダイエーはこの組織的ロックインの檻から抜け

出せずにディスカウンターとしての組織漂流を続けていた。

ダイエーの可能集合

　ディスカウントを目指したいずれのフォーマットも成功せず，経営成果の悪化に貢献しただけだった。そのわけはこの時代に消費市場の潮目が明らかに大転換を迎えていたことにある。物質的豊かさを経験した消費者は，不況により所得が伸びなくても，低価格であれば飛びつくということはなくなった。かれらは低価格だけでなく，納得品質を備えたバリュー商品を求め始めていた。納得品質とは，供給側からみた技術的・素材的な品質ではない。それは消費者の生活状況に照らして，消費者目線から見て納得する品質である。

　納得品質の例として，ベネトンの初期成長に貢献した原色のセーターがある。欧米や日本が経済成長を謳歌していた時代，若者のファッション指向が強まった。若い女性はセーターにもファッション性を求め，同じセーターを異なる年度にまたがって着なくなった。ベネトンはそれに着目して，洗濯したさいの色落ち防止を施していないがファッション性の高い原色セーターをヒットさせた。色落ち防止はコスト的に高くつく。それをほどこさなければ，それだけ安く販売できたからである。

　ニトリがその成長初期で販売したベビーベッドも納得品質の例である。それまでのベビーベッドは数世代にわたって使えるほど堅牢であったが，部屋での色彩調和などの感覚に乏しく，設置にスペースを要した。しかし，経済成長期に若者世代の多くは親と別居し，都市での狭いマンションなどに多く住むようになった。かれらは親の世代のように多くの子供は作らず少子化が進んだ。このような生活状況の消費者にとっては，耐久性は劣るが部屋との調和感覚に富み，折りたため，価格の安いニトリ製品はバリュー商品であった。

　納得品質と低価格を兼ね備えたバリュー商品は，ユニクロ，しまむら，青山商事などの新興大型専門店チェーンの主力品揃えであった。かれらの急成長は，たんなる廉価商品ではなく，バリュー消費の時代が迫っていたことを示している。また同じ時期に急成長していたセブン-イレブンも当初から価

---

*2　この点の詳細は，田村正紀『バリュー消費』日本経済新聞社，2006年を参照。

格訴求を目指すかわりに，消費者にとって便利な商品・サービスの充実に邁進していた。転機対応の可能集合からみる限り，当時の商品本部の力量からいえば，ダイエーにとってもバリュー商品開発の選択肢はあったはずである。

またイオンは郊外型SCの立地開発やテナント管理のノウハウを蓄積して高収益事業イオンモールを生み出そうとしていた。テナントについて自前主義のダイエーとは異なり，魅力ある専門店テナントの多くを外部から集めテナント管理のノウハウを蓄積していった。その集積が生み出す顧客吸引力により，キーテナントのジャスコも安住の地を得た。[*3]テナントとして集める専門店の再編や郊外型SC管理ノウハウの深耕も，ダイエーにとって可能集合の中にあった。しかし，テナント自前主義という再生メカニズムによって，想起集合の要素とはならなかった。

以上のダイエー事例はポイント4.1に要約するような転機対応の失敗パターンを示しているといえよう。このパターンはダイエー事例にとどまらず，多くの事例についてもみられるのではないだろうか。

転機対応の失敗パターン	ポイント4.1

➤本業のたてなおしをせずに新規事業に手を出す
➤安易な提携やM&Aに依存する
➤時代に合わなくなった信念に固執する

消滅モードへの入り口

ダイエーはどのように消滅モードへの入り口に立ったのだろうか。21世紀初頭のある日，流通科学大学の学生食堂でダイエー退社後の中内と2人だけで昼食を取ったことがある。そのさい，ダイエーがなぜ転落したのかを尋ねた。中内は3つの原因をあげた。市場トレンドを読み間違えたこと，阪神大震災が起こったこと，そして組織が官僚化したことである。再建するにはどうすればよいかをさらに尋ねると，中内は憮然として，「もう一度，1から始

[*3] イオンモールの仕組みについては，田村正紀『立地創造』白桃書房，2008年。

めねばならない」と答えた。ダイエーの成功物語が特定の経路依存の賜であることを自覚していたせいであろうか。

▶市場トレンドの読み違い

たしかに，中内㓛は市場メガトレンドの変化を完全に読み違えていた。勲一等の叙勲を望み，中内家の家格を上げるための社会的交際に時間を奪われ，そのために流通の生きた現実から遠ざかったせいだろうか。そのことが中内の天性ともいうべき野性的コンピュータを鈍らせたのか。いずれにせよ，本業の転機対応がいずれも『わが安売り哲学』[*4]の檻から出ていないことはたしかである。この書はミクロ流通革命を目前にした中内が，流通革命にかける思い，信念を吐露したものであった。

たしかに信念は迫力ある行動を生むために不可欠である。しかし経営トップの信念そのものは企業にとって両刃の剣である。『わが安売り哲学』の信念がなければ，ミクロ流通革命も達成できなかったであろう。他方で，同じ信念が転機対応における本業での選択範囲を限定した。

消費成熟が急速に進みバリュー消費が台頭した90年代に，この安売り哲学を捨てきれなかった中内は，風車に向かって突進するドン・キホーテになっていた。時代の潮流を読み間違えた経営トップの信念は，それが組織的ロックインを作り出せば，企業を消滅モードの入り口に立たせる。成功物語を作るには多くの人の協働作業がいる。消滅物語を作るにはたった1人の経営トップで十分だ。

▶土地神話への信仰

安売りの哲学だけでなく，土地神話も同じである。それを信仰してそのトップ・ランナーを目指した本業外事業も，90年代に入ると大きい壁にぶつかる。バブル経済の崩壊である。91年から93年にかけて日本経済は大不況に見舞われ，以後長い停滞が続く。土地神話によるバブル経済が崩壊した。株価や地価が大きく下落した。これが土地を主担保とする銀行融資によって本業外事業を推進してきたダイエーを直撃した。

[*4] 中内㓛『わが安売り哲学』日本経済新聞社，1969年。

土地神話の崩壊は中内㓛にとって「想定外」の出来事だったのだろうか。「想定外」という言葉は，経営トップの謝罪の席上などでしばしば発せられる。しかし，それは意思決定の誤りの免罪符にはならない。「想定外」という弁解は，経営トップの構想力の貧困の告白に過ぎないからである。

　もっとも巨額の借金に伴うリスクについては，中内も予見していた。その証拠にかれはそれへのヘッジをかけていた。それは銀行融資を受けるにさいして一行をメインバンクに決めず，複数銀行に分けたことである。またグループ企業間で蜘蛛の巣のように複雑な財務取引を行った。資本出資や債務保証などである。ダイエー融資を行った銀行は一行だけでは，数百社に及ぶダイエーグループ全体の財務状況を捕捉できないようにしていた。

　しかし，バブル崩壊によって地価が大下落し始めると，銀行はダイエーへの債権保全について危機感を募らせた。平時は互いに激しく競争していても，債権保全の危機には監督官庁の指導もえて一致団結行動を取る。これは銀行業界の本来の体質である。中内は銀行というものを甘く見ていたのではないだろうか。94年頃から銀行団は相互に情報共有して，ダイエーに有利子負債の圧縮を求め始めた。非本業事業推進の財務基盤が崩れただけでなく，巨額借金返済の重圧がのしかかってきた。

　借金返済用キャッシュの多くは本業の総合量販店に依存した。不採算店舗も増えて全体としての収益力は低下傾向にあったけれども，阪神地区に展開した店舗はまだ競争力を持っていた。この地区はダイエーの創業・発展の地である。好立地店がその効率的な立地ネットワークで結ばれ地域市場を制覇していた。いわばダイエーの本丸である。古来，悪いことは重なるという。これが現実化した。95年1月に発生した阪神・淡路大震災である。本丸やそれを支えるサプライチェーンが大打撃を受けた。神戸を中心に本丸での商圏の消費も廃墟に取り巻かれ，その後長く沈滞した。

▶**組織の官僚化**

　震災当時，中内は経団連副会長（90年就任）やチェーンストア協会会長（93年就任）の要職にあり，財界活動に多忙であった。しかし震災発生後すぐに，

公職を辞任して神戸の本丸に舞い戻った。しかしかれを待ち受けていたのは官僚化した組織だった。官僚化した組織とは，官僚制が支配する組織である。行政組織がその典型である。企業組織にも官僚制がはびこることがある。官僚制の特質は3つある。[*5]

- 組織目的達成に必要な業務が規則で定められ，職務上の義務として各人に配分される。
- 義務遂行に必要な命令権限も明確に規定され，組織内に配分される。
- 義務施行者と命令権限者も，それを担当する資格として規則で定められる。

官僚制の核心は，目的達成の必要業務が一定であること，その遂行が規則で制御されていることである。企業組織でいえば，必要業務がすべてマニュアル化されているといってもよい。そのさい決定はすべて常規的な定型になる。

必要業務の設定が適正でかつ変化しないなら，官僚制にも問題は生じない。それはきわめて効率的な組織を生み出す。ダイエーを成功物語に導いたチェーン展開を遂行した組織も官僚制に準ずるものであった。マニュアルを多用し業務をできるかぎり定型化した。それによって，少数幹部だけで非熟練作業者の大集団を編成できたのである。しかし，中内が現場復帰したときのダイエーは企業存亡にかかわる例外状況にあった。常規的な定型業務の遂行よりも，まず生き残りに必要な業務を再構築する必要があった。

中内のまわりにはかれを助け，必要業務の再構築を担う有能な幹部人材はほとんどいなかった。経営トップの座を世襲したいという晩年の願いが中内の行動を支配していた。家族の情に棹さして，それに流されていた。そのため，組織を指揮して必要業務の再建を担える有能人材をダイエーの中枢から排除していた。上場会社は社会的公器である。オーナー社長でも過半数以上の株式保有がなければ，トップの地位が保証されているわけではない。ましてその後継者の場合にはその地位保証ははるかに不安定である。それを安定化させる1つの方法は，トップの地位を襲う能力を持つ人材を中枢から遠ざ

[*5] M.ウェーバー，阿閉吉男・脇圭平訳『官僚制』恒星社厚生閣，1987年。

けることである。

　組織の権力闘争でもよく使うこの手法を，中内も80代後半以降に使っていた。たとえば，常務の高木邦夫をリクルート再建に送り出し，取締役平山敞をユニードの社長に送り込んだ。かれらはそこで与えられた再建業務を達成した。かれらは中内が手塩にかけて育てた側近幹部である。ダイエー・トップを担える人材であったことは，中内辞任後それぞれダイエーの社長，副社長として復帰したことにも示されている。いくら優れた板前でも腐った魚でうまい刺身は造れない。かれらの復帰はあまりにも遅く，その時にはダイエーはすでに死に体であった。いずれにせよ，中内が現場復帰したとき，かれの周囲には「烏は白い」と中内がいっても，それに表だって異を唱える人材はほとんどいなくなっていた。

消滅モードの兆候

　消滅モードに入ると，必死の企業努力を行っても，負の連鎖となって復活にはいたらない。そのパターンは多くの事例間で似かよっている。その特徴は消滅モードに入ったことを示す種々な兆候が出てくることである。兆候とは消滅モードに入るとよく起こる出来事である。それはどのようなものか。

　J.コリンズは比較事例研究によって，偉大な企業がいかに衰退していくかを研究した[*6]。それによると，衰退は次の5段階を踏む。

1. 成功から生まれる傲慢
2. 規律なき拡大路線
3. リスクと問題の否認
4. 一発逆転の追求
5. 屈服と凡庸な企業への転落か消滅

コリンズはいくつかの事例で共通した各段階の現象を抽出しようとした。本書でいう消滅モードをこの5段階からみると，段階(4)と(5)にほぼかかわっている。これらの段階の現象をコリンズはいくつかあげているが，それらのい

＊6　J.Collins, "How The Mighty Fall: And Why Some Companies Never Give In", J.Collins, 2009.（山岡洋一訳『ビジョナリーカンパニー③：衰退の5段階』，2010年，日経BP社）

くつかは消滅モードの兆候にもなっている。それらを踏まえながら，消滅モードの主要な兆候をあげるとポイント4.2のようになる。

消滅モードの兆候　　　　　　　　　　　　　　　　　　　　　　**ポイント4.2**

➢ 特効薬の追求：劇的で大きい動きによって素早く突破口を開こうとする
➢ 救世主のような指導者への期待：カリスマ的な指導者や社会の救世主を探す
➢ リストラの繰り返しと財務力の低下

　ダイエー事例で見てみよう。ダイエーはバブル経済が崩壊した90年代の初頭から消滅モードに入り始めた。2004年に産業再生機構の支援を受け入れた時点で経営主権を持つ企業としては消滅した。この間のダイエーの動きを示す主要な出来事が消滅モードの兆候を示している。

　中内㓛が現場復帰した94年以降に，ダイエーは企業存続の特効薬として大きく報道されるような動きに出た。まず松下電器との正式取引を再開した（94年）。同社とはダイエー成長物語の初期段階から価格設定権を巡って確執を続け取引が途絶えていた。しかし，特効薬の中心は合併・買収やビッグ・プロジェクトであった。忠実屋，ユニードダイエー，ダイナハ（那覇）との合併（94年），ダイエーファイナンス，朝日トラベル，リッカーの合併によるダイエーオーエムシーの創設，アラモアナSCの所有権獲得（95年），ヤオハン店舗の買収（97年）などが続く。ビッグ・プロジェクトとしては，キャナルシティ博多開設（96年），那覇新都心開発計画への進出決定（97年）などである。

　消滅モードに入った企業は，救世主を期待して指導者を次々に取り替える。経営トップの世襲も狙ってまず登場したのは長男中内潤である。89年からハイパーマートがダイエー再生のカギであると主張し，その導入を主導していた。96年に小売部門のトップになり，翌年には副社長に就任した。その間，かれは父親の掌の上で安売りの哲学を踊ったに過ぎない。業績はかえって悪化し，99年に退任した。

ダイエーは新しい救世主を社外に求め始める。味の素の元社長の鳥羽薫である。99年に社長に就任し，中内㓛は会長となった。鳥羽薫が不祥事で退任すると，2001年に高木邦夫がリクルートから復帰して社長となった。経営トップが猫の目のように変わること，これは消滅モードの兆候の1つである。

　指導者の登場や交代に伴い，リストラが次々に実施される。95年に商品統括本部を設置し8つの商品グループに分ける。翌年にはカンパニー制が導入され，各事業分野がカンパニーとなった。カンパニー制とは，各事業分野を独立企業と見立てて組織化することである。事業部制より各事業の独立性は高くなる。ダイエー組織の中核として機能してきた商品部も各カンパニーに移管した。98年になると，主力業態の総合量販店がさらに地域別のカンパニーに分割された。中央集権化を特徴としたダイエー組織が分権型組織に移行したのである。

　店舗の大規模な改装にも手をつける。97年にはハイパーマートを全店改装し，その翌年には総合量販店196店舗を改装した。そして，99年になると，ダイエーグループ再生3カ年計画を発表した。しかし，本業が根腐れを起こし，消滅モードに入ったダイエーにとっては，これらの指導者の交代やリストラはすでに焼け石に水であった。98年に上場以来初の赤字に転落して以降，業績はさらに低迷を続けた。2001年に希代の経営者中内㓛は経営責任を取って辞任した。中内の退場とともに，ミクロ流通革命の覇者であったダイエーは，この時点で実質的に消滅したのである。ダイエーという企業名はその後もしばらく残っていくが，それはかつての覇者ダイエーの骸に過ぎなかった。

2. 復活物語のパターン

停滞と復活

　パクス状態も長く続くと，そこから衰退や停滞と呼べるような状態に繋がる。衰退はダイエー事例でみたように企業消滅にいたる。これに対して，停滞は低い財務成果水準での安定状態である。停滞では企業消滅の危機が目前に迫っているわけではない。しかし，成長軌道を踏み外して，企業体力が徐々に

低下している状態といえよう。典型的には，減収減益になる年度が徐々に増えていくといった状態である。

複雑物語の結末の1つとしての復活とは，経営主権を維持しながら，このような状態から脱却して再び成長軌道に乗ることである。売上高や収益性など，財務成果の経過曲線はU字型を描くだろう。もっとも衰退の初期状態から再び成長軌道に復活することも可能性としてはある。このさいはV字型を描くことになる。しかしこれは稀な事例である。ここでの復活物語はU字型を念頭に置いている。

復活パターンの具体像を示すために，大丸事例を取り上げよう。大丸は三越とともに，江戸時代から続く社歴を持つ代表的な百貨店である。1990年代から21世紀の初頭にかけての同社の歩みは復活物語の典型的な事例の1つである。90年代での大丸の停滞状態は，多かれ少なかれ，ほとんどの百貨店が陥った状況である。

バブル崩壊は百貨店業界にも襲いかかった。21世紀の初頭にいたるまで，それまで生き残っていた地方百貨店の多くが消滅した。図4.1に示すように，大都市に拠点を置く主要百貨店さえも，その多くが停滞状態に引き込まれていった。92年度までは主要百貨店の大半が各年度で増収増益であった。しかし，バブルが崩壊した93年以降になると，増収増益を達成した年度は19％まで低下した。多くなったのは減収減益である。それは43％にまで上った。

バブル崩壊まで，主要百貨店は業態として次の特質を持っていた。主力店舗は日本を代表する中心都市エリアに置いた。札幌，仙台，東京都心拠点，横浜，名古屋，大阪都心拠点，京都・大津，神戸，広島，福岡を中心にした都市域である。それ以外に中小型店を各地に配した。その場所は関東・関西大都市圏周辺の沿線主要都市や新潟，金沢，岡山，熊本，鹿児島といった地方中核都市である。これら以外に，ニューヨーク，ロンドン，パリ，シンガポールなど，日本人観光客がよく訪れる海外都市に小型店を出店した。

百貨店はこれらの店舗で，その商圏の中・上流のファミリー層を主標的にした。消費の殿堂にふさわしく店内を豪華に内装し，百貨店の名に恥じずあらゆる商品カテゴリーを品揃えして，この標的のニーズに応えようとした。と

図4.1 主要百貨店13社の各年度業績タイプの期間別頻度の推移

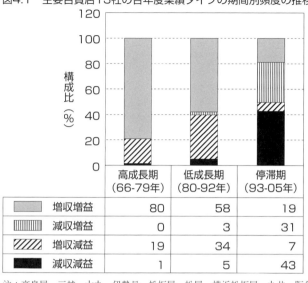

	高成長期 (66-79年)	低成長期 (80-92年)	停滞期 (93-05年)
増収増益	80	58	19
減収増益	0	3	31
増収減益	19	34	7
減収減益	1	5	43

注：高島屋，三越，大丸，伊勢丹，松坂屋，松屋，横浜松坂屋，丸井，阪急，阪神，東急，近鉄，名鉄の13社。
データ源：有価証券報告書。

くに上流層や法人需要に対しては，外商による贅沢品や贈答品の商売が中心であった。中流層を狙って，年間数十回に及ぶ物品催事をおこない，文化催事よって各層の顧客の来店を促した。中心都市エリアの大規模店舗では，それぞれの商圏特性に対応するため，ほとんどの商品は各主要店舗での店仕入であった。チェーンストアのような本部仕入は限られていた。

　90年代には百貨店は業態として転機を迎える。バブル経済の崩壊だけでなく，業態特有の問題によっても転機が到来した。[*7] 第1に，主要顧客層が変化した。東京・大阪など中心都市圏でも高齢化によって中上流の顧客層が減った。バブル崩壊後，贈答品外商などの法人需要が落ち込んだ。もっと深刻なのは，地方都市での主要顧客層の減少である。企業支店の縮小・撤去が相次ぎ，幹部社員が東京・大阪など中心都市圏に移住した。中小小売商も激減していた。地方都市の商圏で百貨店を支えた中・上流層の需要が減ったのであ

＊7　詳細な分析は，田村正紀『業態の盛衰』千倉書房，2008年参照。

る。それにかわって，百貨店に来店するのは，若者世代かキャリアの女性客であった。彼女たちは先端ファッションや海外ブランド商品を百貨店に求めたのである。

　第2に，百貨店に強力なライバルが登場した。イオンモールなどに代表される新タイプのショッピングセンター（SC）である。総合量販店を核に，そのまわりに新興の専門店テナントを多く配置していた。その立地場所は，大都市圏では中心都市と衛星都市群の境界，また地方都市では都市部境界であり，十分な駐車場により広い車商圏を確保した。このSCの売場面積規模は格段に大きくなり，地方百貨店を凌駕するものさえ出始めた。

　さらに，ユニクロ，青山商事，ニトリ，しまむらなど，新興の専門店チェーンがロードサイドに急速に店舗展開をした。これらはそのバリュー商品によって，百貨店のボリューム・ゾーンである中流客向け商品群を直撃した。たとえば，紳士服での百貨店のボリューム・ゾーンは5万円前後の価格帯であった。青山商事などは消費者からみると百貨店商品と見分けがつかない納得品質の商品を百貨店のほぼ半値近くで提供したのである。

経営トップの継承

　業態の代表企業であればあるほど，業態環境の変化によってより大きい影響を受ける。三越と並ぶ代表企業の大丸も大きい影響を受けた。バブル崩壊後から90年代の終わりまで，図4.2に示すように，大丸は停滞状態にあった。売上高が大きく減少傾向にあるだけではない。収益性を示す売上高営業利益率が落ち込み，1％を切り始めた。時代の変化をいち早く先取りして対応していた伊勢丹と対照的である。伊勢丹は売上高は横ばいを維持する一方で，大丸の数倍の売上高営業利益率を上げていた。伊勢丹はその収益効率で先頭を走っていた。

　しかし，大丸は世紀が変わると，売上高の低下が止まり徐々に上昇し始めた。伊勢丹に追いつかれた売上高もそれを引き離し始めた。もっと注目すべきは，その売上高営業利益率の急速な改善である。それは伊勢丹をしばしば抜き去り，同社と肩を並べるまでになった。この数字の背後に何が起こって

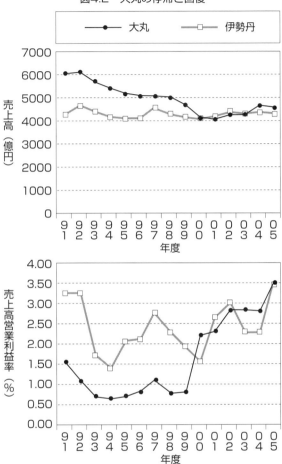

図4.2 大丸の停滞と回復

データ源：有価証券報告書。

いたのか。それが大丸復活物語の内容である。

　この物語は経営トップの継承から始まる。停滞状態に突入したときの社長は下村正太郎である。かれは大丸創業家の12代当主であり，84年から社長の座にいた。97年に下村は取締役就任後1年半の奥田務を説得してその座を継承させ，自分自身は会長になる。唐宋八大家の1人，韓愈はその「雑録」で，「千里の馬（千里を走る馬）は常にあれども伯楽（名馬鑑定名人）は常にはあ

らず」といった。潜在能力を持つ人材（千里の馬）はつねにいても，それを見抜く権力者（伯楽）はいつもいるとは限らないという意の比喩表現である。しかし，下村は伯楽であった。

　中内功も千里の馬を見抜く伯楽であったが，ファミリーの情に棹さして流される。経営トップの世襲を狙って，有能人材を中枢から遠ざけた。下村は数百年続く創業家出身の社長であるにもかかわらず，ファミリー外部に千里の馬を見つけた。社長継承しても，次期社長の行動に柵を設け，千里の馬を自由に走らせない会長といった経営トップもいる。しかし，下村は自由に走り回れる大草原を用意した。

　下村が後継者に望んだことは，社是「先義後利」とのれんを守ることだけである。「先義後利」（義を先さきにして利を後あとにす）とは，利益ではなく顧客指向と社会貢献をまず目指せば店は栄える，という意の大丸創業者の教えである。中国の『孟子』に由る。古来，モノとしてののれんは，屋号，業種，歴史などを記して，商家が店入り口に掲げる。これに由来して，のれんという言葉は商号，本業の業種，その歴史による信用，店格などを意味する。「のれんを守る」という言葉にかけた下村の想いは，経営主権を守りながら一流百貨店を目指してくれ，ということであったのだろうか。「後は思い切って何でもやってくれ」という創業家出身会長の絶対的信頼に支えられ，奥田は復活に向けての改革に取りかかった。[*8]

　大丸事例はポイント4.3に示すような復活成功の継承パターンの理想を示している。

復活成功のための理想的な継承パターン　　　　　ポイント4.3

➢復活構想を抱く社内有能人材，千里の馬がいる。
➢伯楽としての先任経営トップがいる。
➢千里の馬を後継指名した後は，自由に走らせるため，伯楽は裏面で全面的にバックアップする。

＊8　奥田勉『未完の流通革命：大丸松阪屋，再生の25年』日経BP社，2014年。

これら3つの条件が揃ってはじめて，復活指導者の成功パターンが生まれる。難しい条件であるが，社歴の長い名門企業では組織風土に支えられて揃うこともある。だから一時的に停滞に陥っても，不死鳥のごとく復活して長い社歴をへてきたのである。大丸もそうであった。

奥田改革構想と不採算事業の整理

　百貨店業態とそれを取り巻く環境変化によって，自社大丸がなぜ停滞状態に入ったか。新社長になった奥田は，鳥の目を以て鳥瞰的に捉える素養を持っていた。海外への留学やまた海外勤務経験がこの素養を育んでいた。日本の名門企業には若手の有能人材を少数選抜してMBA取得など海外留学させる慣行がある。外国語，先端技術を習得させるためだけではない。将来幹部としての必要な人間的素養をつけさせるためでもある。

　奥田もそのような1人であった。また，だれでも海外に出れば，そこでの風物・文化に目を奪われるだけではない。それらに照らして，かえって去ってきた故国の特性を第三者的にみる立場に置かれる。奥田は80年代にオーストラリア大丸社長を務めていた。

　奥田改革は多岐にわたる。しかしそれらは一本の糸で結ばれていた。大丸を本業の百貨店として存続させ，再び成長軌道に乗せることである。このために，停滞状態に突入させた従来の経路依存とその再生メカニズムを切断して成長への新経路を創造しなければならない。切断は従来フォーマットのほぼ全面に及ぶ。その領域をあげれば，店舗立地，標的市場，品揃え，店頭接客サービス，外商など営業方法といったフロント・フォーマットだけでなく，マーチャンダイジング，物流，組織構造などバック・フォーマットにまで及んだ。

　改革にさいしての奥田の構想は以下のようなものであった。百貨店業態が競争優位を保てる立地適地は，日本を代表する中心都市エリアにしかない。郊外化した巨大人口のなかでも，高齢者以外は昼間に通勤・通学で都心地区に舞い戻る。そこでの百貨店客層は若者世代，共稼ぎ，さらにはキャリアの女性客である。学生はアルバイトで，勤労女性も男女雇用均等法施行（86年）

以降では，財布は重たくなっている。共稼ぎ夫婦では妻がほとんど財布を握っている。

　この主要標的を捉えるには，経営サイクル，とくにフロント・フォーマットとそれを支えるバック・フォーマットを再構築しなければならない。これから登る復活の坂の上に，奥田が見ていた雲はこれらの想いである。それは改革推進にさいしての奥田の信念になった。それは日本社会の時代的潮流を的確に捉えていた。

　大丸を存続させるために，奥田は売上高よりも本業収益性の向上を優先した。1％を切りがちな売上高営業利益率を向上させなければ企業存続も危うい。社長就任後すぐに手をつけたのは，不採算店舗・事業の整理と人員削減である。不採算事業の継続は収益性向上の最大の敵である。奥田の果敢な行動は，転機対応として新規事業の追加によって収益性回復よりむしろ売上高増加を指向し，不採算事業からの撤退に逡巡したダイエーと好対照である。

　不採算店舗の整理対象はまず地方都市と海外の店舗である。括弧内の整理年度とともに示すと，地方都市では和歌山（98），町田（99），新居浜（01）などである。これらの店舗は郊外に進出したSCなどに対抗できなかった。海外では香港・タイ・フランスの店舗（98），オーストラリア（01），シンガポール（02）などである。この時代の海外旅行者には中高年の団体旅行者に加えて，若者世代の旅行者が増えていた。海外でも1人歩きできるかれらには，小型の免税店のような海外店は不要であった。

　それまでの百貨店経営からみれば，これらの店舗の整理には大きい社内抵抗があったに違いない。これらの店長ポストは幹部処遇の重要なポストであったからである。しかし，奥田はこれらの抵抗勢力の切り崩しと，収益性向上のための費用削減のため，98年に人員整理を断行した。その特徴は45才以上に限定したことである。

　これらの年齢層は主力店の各売場主任などを占めていた。各売場で仕入と販売を統合するのがそれまでの経営様式である。かれらが収益の動向を握り，大きい発言力を持っていた。人件費が高いだけでなく，奥田改革の潜在的抵抗勢力の中核でもあった。300人の希望退職者募集にたいして，746人の退職

者が集まった。奥田改革の方向性から自分たちの居場所がなくなりつつあることをかぎ取ったのだろうか。抵抗勢力は弱まり，人件費は大きく削減された。

不採算事業の整理によって，売上高は奥田の社長就任時よりも2割ばかり減少した。しかし奥田は一歩後退しながらも，直ちに二歩前進しようとした。残った売上高の収益性向上のために，新しい市場標的に向かって百貨店フォーマットの改革に取りかかる。

フロント・フォーマットの再構築

店頭など顧客接点で店舗の魅力をいかに演出し遂行するのか。この様式がフロント・フォーマットである。奥田はこれについて3つの改革を行った。

第1は百貨店の看板であった総合的品揃えとの決別である。百貨店はその名のごとく多様な商品を取り揃えていた。しかし，郊外SCや専門店チェーンとの競合によって，採算性が見込める商品カテゴリーは，婦人服・用品，食料品，雑貨，身の回り品，食堂・喫茶などに限られるようになっていた。奥田はその他の商品の売場比率を削減し，採算性のとれる商品カテゴリーに売場を傾斜させた。とくに充実を目指したのは，女性向けのファッション関連売場である。主要店舗は女の館に変身した。

第2は，店頭での人員配置の改革である。店頭要員による手厚い接客サービスは長い間にわたり，顧客への百貨店の主要訴求点であると見なされていた。また仕入業務も担当することから店頭要員は増え続けていた。しかし，仕入方法は商品によって多様である。完全買い取り，委託仕入だけでなく，売り上げ仕入れという方法もある。これは商品が販売された段階で仕入れたモノとして処理するリスク回避型仕入である。これらの方式間で仕入業務や在庫管理様式は大きく異なる。

販売方式の多様性も同じである。店売りでは自主売場と納入業者（問屋・メーカー）への場所貸しがある。自主売場では大丸社員が配置されるが，場所貸し売場では問屋・メーカーからの派遣社員が販売を担当する。呉服，美術品，宝石貴金属など贅沢品は外商に大きく依存する。中元・歳暮のギフト

商品，ユニフォーム，リフォーム全般では法人営業が主になる。また文化催事，物販催事ではその内容により来店客層が大きく異なる。さらに店外イベント会場での催事販売がこれらに付け加わる。販売方法が異なれば，売場に必要な要員の数や資質は異なるはずである。

　仕入方式と販売方式を組み合わすと，碁盤の眼のようなマトリックスができる。奥田改革ではそのセルごとに，店頭要員の必要数や適正資質を割り出した。さらに，店頭業務を整理した。接客には正社員をあて，包装，レジ打ち，伝票作成業務など，ルーティン作業にはパートやアルバイトをあてるようにした。この業務改革によって，接客サービス水準を維持しながら，要員配置の効率化を狙ったのである。

　第3は，外商の効率化である。外商は富裕顧客に贅沢品を販売し，法人顧客にはユニフォームやギフト商品を営業した。また催事販売にさいしては外商顧客を主要な招待客にしてその接待対応に当たった。このような営業特性により，外商は個人営業マンの能力に大きく依存する属人性を持った。そのため外商人材の育成には長い年月を要した。

　外商は百貨店の伝統的フォーマットでの分権管理の極致である。商品手配から請求書の作成までの外商業務全般を同一人物の外商担当者が行った。このため，外商担当者の管理は，営業プロセスを管理する過程管理ではなく，売上や貢献利益など成果だけを管理する結果管理であった。営業プロセスは外商担当者個人に任されていた。しかし，バブル崩壊後の法人需要の低迷，従来顧客の高齢化などにより，外商部門は百貨店の不採算部門の代表になった。

　奥田の外商改革は外商管理を結果管理から過程管理に転化した。外商の営業過程を組織的に管理した。その内容は営業テリトリーの整理，請求書作成業務の後方部門への委任，ポイントカードによる外商客の購買履歴の把握などである。各顧客へどのように営業しているのか，その営業過程はそれまで各外商担当者だけが掌握していた。それらを組織情報として集めて過程管理のベースとしたのである。

バック・フォーマットの改革

　フロント・フォーマットは，顧客には見えない背後の業務活動によって支えられている。この遂行様式がバック・フォーマットである。フロント・フォーマットが売上高を左右するのに対して，バック・フォーマットはその売上達成に要する販管費にかかわっている。売上高営業利益率は本業収益性の代表指標である。営業利益は売上高と販管費の差額であるから，収益性を向上させるには，フロント・フォーマットだけでなく，バック・フォーマットの改革が必要になる。奥田はこれについても３つの改革を行った。

　第１に，本社集中仕入れ比率の向上を目指した。まず，各店配属であったバイヤーを本社所属にした。その目的は，ギフトや海外衣料品を対象に各店のマーチャンダイジングに本社が積極的に関与することである。次いで，婦人服，紳士服，食品，催事商品を対象にマーチャンダイジング統括本部を設置した。これにより全国主要７店のファッション部門の本社集中仕入を増やした。

　統括本部設置の真の狙いは，納入業者との取引交渉力を強化することであった。仕入先とは決済方法，派遣社員，協賛金，益率，リベートなど，取引条件の交渉がある。商売の眼目である。これらはそれまで各店の仕入担当者に任せられていた。統括本部はこれらの取引条件の明文化を目指す契約書方式を全社的に採用して組織的管理下に置いた。

　また納入業者への場所貸し売場での販売主導権を一部奪還することも狙いであった。従来この種の売場では納入業者が販売主導権を握った。かれらは各百貨店の販売力などに応じて，売れ筋商品などを傾斜配置した。場所貸し売場でも売れ筋商品を維持しなければ，顧客吸引力が低下し売上に響く。統括本部は取引先との交渉窓口を一本化して，売れ筋商品配置を求めるなど，交渉力を高めた。

　第２に，物流改革に着手した。物流費は人件費とともに販管費の主要費目である。それを削減できれば，販管費削減に大きく貢献できる。社長就任後すぐに新しい調達物流体制を敷き，店別の仕分け作業の担当を運送会社から，

物流子会社と大丸に代えた。これにより，店頭への商品配送が半日短縮される。98年には用途品の配送，管理経費の削減を目指して用途品専用の物流センターを設立する。これに伴い，各店別に購買していた用途品を，一括購入に切り替えた。もっとも大きい物流改革は99年に始まる。物流統括部門の設立である。関西地区で店舗別に行われていた物流をセンターへの物流に一本化した。これらの改革に伴い，物流業者を半分に減らし，契約を自動更新から単年度交渉に切り替えたのである。

第3に，販管費の最大費目である人件費の削減を目指して，後方部門の再編に取りかかる。後方部門とは，人事，総務，経理などの業務を担当する部門である。従来，後方部門は主要店舗ごとに各店配置されていた。従業者比率は30％近くに上っている。奥田はこれらの要員を本社に集約し，さらに業務遂行の電算化を導入した。これにより，後方部門の従業員比率を，20％にまで削減することに成功した。余った要員は店頭業務や外商に回された。

フロントとバックの両面での業務改革により，2000年以降から売上高営業利益率が大幅に改善する。そして03年より伊勢丹とも肩を並べるまでになった。売上高は減少したが，百貨店としての企業存続の危険水域は脱し，成長軌道へと復活し始めたのである。新しい儲けの仕組みを作り上げた後は，売上拡大が課題として残った。

百貨店の適正立地は中心都市エリアにしかない。そこでの新規出店の用地確保はきわめて難しい。売上高拡大への道は他の百貨店との合併しかない。幸か不幸か，長く続いた不況の過程で減収減益に悩む主要百貨店がいた。三越，阪神，松阪屋などである。再び成長軌道へ復活するため，大丸は店舗数増加による売上拡大を求め，減収減益百貨店は収益性向上の知識を求めていた。2007年，大丸は松阪屋と経営統合して，持株会社Jフロントリテイリングを設立した。奥田はその社長となった。

売上高拡大を目指して廉売店展開や新規事業進出を行ったダイエーとは対照的に，大丸は売上高減少はいとわず，何よりも本業収益性の向上を復活の対応策とした。新型SCや専門店チェーンとの競合でも優位に戦える戦場として中心都市エリアを選び，そこで新しい標的顧客を捉えるのに必要な業務改

革を行った。

　商品部，間接部門，物流業務の集権化は，外形的にみれば，GMS, 新興専門店，あるいはコンビニなど，チェーンストアがやってきたことの模倣に見える。しかしそれはたんなる模倣ではない。百貨店の品揃え，必要業務内容はこれらと大きく異なり，はるかに複雑だからである。たとえば主力商品のファッション関連商品を取り上げても，その商品属性は多様であり，マーチャンダイジング業務もはるかに複雑である。

　コンビニで情報武装を核とするもっとも先端的な業務遂行システムを構築した鈴木敏文でさえ，イトーヨーカ堂社長就任後，10年以上かかっても総合量販店の効率的業務システムを作れなかった。商品も業務内容もコンビニとは大きく異なったからである。奥田改革はライバルたちが開発したシステムを，まったく異なる，より複雑な業務環境で機能するようにしたものであった。これにより百貨店存続・成長のための新フォーマットを創造した。この意味ではそれはたんなる改革を超えるイノベーションであった。

3. 漸進物語のパターン

漸進物語の特質

　漸進物語は，その時々の増分変化の長期にわたる累積を通じて，企業が大きく成長するという物語である。その代表事例はセブン-イレブンであろう。同社は1974年創業のコンビニのフランチャイズ・チェーンである。その加盟店第1号は，東京江東区の酒販店を前身とした店であった。翌年には直営，加盟を併せた全店舗数は15店，全店売上高は4億円であった。

　この種のコンビニのフランチャイズ展開によって，日本の代表的な流通企業が誕生するとは，当時の誰が想像できたであろうか。2012年にはセブン-イレブン単体売上高は6176億円，加盟店を含む全店売上高は3兆5084億円に上った。その額は単体トップのイオンリテール2兆1536億円を抜き，日本最大の流通販路となった。漸進物語はこのセブン-イレブンの長期持続成長の

ような物語である。盛衰物語や復活物語と比較すれば，漸進物語には次のような特徴がある。

漸進物語の特質　　　　　　　　　　　　　　　　　　　　　　**ポイント4.4**

➢物語の結果は長期間にわたる出来事である。
➢パクス状態や顕在的な転機が少ない。
➢内生的進化によって変化が生み出される。

　まず，盛衰物語や復活物語に比べると，漸進物語の結果は，はるかに長期間にわたる出来事である。たとえば，セブン-イレブンの持続成長はほぼ40年をこえる出来事である。この間にセブン-イレブンが歩んだ足跡を追跡していかねばならない。長期的な持続成長そのものは，小さな苗木が大木に生長したというような，発生に長期間を要する出来事である。
　次に，漸進物語では盛衰や復活の物語におけるように，パクス状態や顕在的な転機がない。顕在的転機とは，財務成果の時間的動きに変曲点のかたちで明示的に現れるような転機である。だから盛衰や復活の物語では，ダイエーや大丸の事例で示したように，財務成果の時間的動きが逆U字型やU字型の曲線になって現れる。これに対して，漸進物語ではこのような曲線型は観察できない。たとえば，セブン-イレブンの財務成果曲線を示すと，図4.3のようになる。これをみると，漸進物語としてのセブン-イレブン事例は，急成長期を終えた85年以降から今日にいたる物語である。[*9] 漸進物語では転機とそれへの対応は潜在的な過程である。
　全店売上高とは，直営店と加盟店を併せた売上高である。セブン-イレブンはフランチャイズ・ビジネスであり，また直営店比率はほとんどの年度で1割以下である。だから売上高として全店売上高を用いた。創業翌年（75年）の売上高は4億円であった。上場時の79年には109億円に達し，爆発的な成長を遂げた。年間20％を超える爆発的な成長は85年まで続いた。それ以後，漸

---

*9　この物語の全容については，田村正紀『セブン-イレブンの足跡：持続成長メカニズムを探る』千倉書房，2014年を参照。

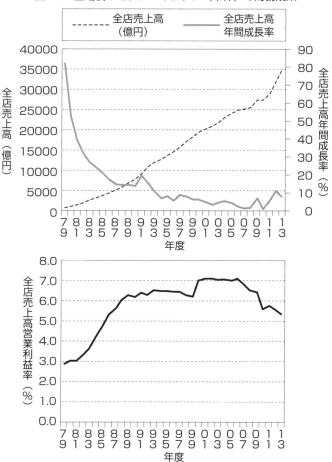

図4.3 上場後のセブン・イレブン（単体）の財務成果

注：01～05年は連結数字。
データ源：有価証券報告書。

進的な成長に入った。現在にいたるまで，マイナスの売上成長は1年度もない。

収益性を見てみよう。加盟店も含めたフランチャイズ・システム全体の営業利益は，独立法人としてのセブン-イレブンの営業利益に，全加盟店の営業利益を加えたものである。しかし後者のデータは入手できない。そこでセブン-イレブンの営業利益のみを用い，全店売上高と対比してみよう。この

全店売上高営業利益率はシステム全体の収益性指標としては欠陥があるけれども，セブン-イレブンの収益性の長期傾向を近似的に示しているといえよう。85年まで急上昇しているが，その後は01年から05年間の財務数字が連結数字であることを考慮すれば，5から7％弱で安定的に推移している。

　漸進物語の第3の特徴は，変化が主として内生的進化によって生み出されていることである。盛衰や復活の物語では，転機到来を契機にした大変化がある。転機は主として環境変化など外生的変化によって生じる。この転機を境に，盛衰物語ではそれまでの経路依存と運命をともにして企業を消滅させる。復活物語では従来の経路依存を切断して，新しい経路を創造する。

　漸進物語の筋書きはこれらと大きく異なる。財務成果の推移は，盛衰や復活の物語に比べて長期にわたり安定しており，転換点がない。セブン-イレブンもダイエーや大丸と同じような環境変化にさらされてきた。高度成長から低成長への転換，バブル不況，その間での消費者変化，同業種・異業種との競争，商品供給市場の変化などである。それにもかかわらず財務成果が安定し転換点を持たないということは何を意味しているのだろうか。それは漸進が外生的変化と関連しながらも，主として内生的な変化を通して生み出されてきたということである。漸進を促進する主要エンジンは，内生的で自己駆動的である。

　この自己駆動エンジンの中核には企業家精神を持つ経営トップがいる。しかしこの企業家精神は成功物語や復活物語を主導する企業家精神とは異なる特有の性質を持っている。比喩的にいえば，放置すれば大火事になる火種への対応が異なるのである。火種を放置して大火事になれば，企業消滅にいたる盛衰物語である。大火事の直前で消火に成功すれば，復活物語になる。漸進物語は，大火事に発展するような火種を火種のうちに消していく物語である。近未来を予見してそれへの対応を小まめに整合的に積み重ねていく。これが漸進物語での企業家精神である。これによって，漸進物語では環境変化は経営ショックとして顕在化しないのである。大きい転機対応は火種を次々に消していくという，潜在的転機への継続的な累積的対応によって代替されている。

　要約すれば，長期的観察の必要性は，漸進物語の結末自体が長期間をかけ

て発生することから生じている。長期持続成長などといった出来事はその例である。漸進的変化は連続的であり，また財務成果曲線などには転換点がない。だから転機やそれへの対応よりも，漸進的変化を推進しているメカニズムが分析の焦点になる。漸進的変化は環境変化による経営ショックというよりも，むしろ企業家精神など内生要因によって生じる。だからこの内生的で自己駆動的な要因が分析の焦点になる。経営ショックなど環境要因は潜在的に，つまりそれへの気づき意識として企業家精神に現れるに過ぎない。

進化としての漸進

漸進という変化は，財務成果だけでなく経営サイクルの他の局面，つまりフロントとバックのシステム変化としても現れる。具体例として，セブン-イレブンのフロントとバックのシステムの変化を見てみよう。その変化の特徴は変化しない部分と変化していく部分が混在している点にある。

フロント・システムのうちで，店舗面積，立地特性，品揃えの基本的性格，価格帯などは74年の創業時点より今日までほとんど変わっていない。100㎡前後の店舗を，その周囲に一定数の昼間・夜間人口が見込める地点に出店した。消費者からみた時間的・距離的便宜性を確保するためである。品揃えは約3000品目であり，欲求が起こればすぐに購買して調理せずに消費したい商品である。価格訴求はせずに，十分な粗利益率を確保している。

流通論には小売店を分類するための業態というコンセプトがある。百貨店，スーパー，専門店，コンビニ，通信販売，ディスカウントストアなどである。業態分類の基準は売場面積，品揃え幅，店舗へのアクセス，価格帯，セルフサービスの有無など多様であり，業態分類目的によって多様であり標準化されていない。しかし，業態分類基準は店舗の基本的機能やその基本戦略にかかわっている点では変わりはない。この業態という点では，セブン-イレブンは創業時点から変わっていない。

バック・システムについても，同じように不変の側面がある。店舗のほとんどはセブン-イレブンとは別法人の，フランチャイズ契約による加盟店である。店舗の経営責任は加盟店主にある。これらの店舗に，セブン-イレブ

ンとの緊密な関係性ネットワークで結ばれた供給業者（問屋・メーカー）が機動的に商品供給している。この種のサプライチェーンは創業後まもなく構築され今日にいたっている。

業態は同じでも，フロントやバックのシステムでの業務遂行様式には企業の戦略による変化が生じる。業務遂行方式は業態のフォーマットと呼ばれる。同じスーパーでも総合量販店，ハイパーマーケット，スーパーストア，食品スーパーなどのフォーマットがある。セブン-イレブンはコンビニ・フォーマットの変化のリーダーであった。ファミリーマート，ローソンなど競争相手はセブン-イレブンの動きを模倣して追随した。だから他の業態におけるほど，コンビニ業態は種々のフォーマットへ分化していない

持続成長の全期間にわたってみると，セブン-イレブンの品揃えは大きく変化してきた。当初はたいていの中小最寄店ならば，どこでも取り扱っている加工食品，日用雑貨を便宜性の点から選択編集したものであった。しかしその後，サンドイッチ，弁当，朝食食品，レトルト食品などファーストフードや各種飲料の比率が増える。できたておでんや，入れたてコーヒーを店頭で提供するなど飲食店商品も取り入れる。さらに，公共料金はじめ各種代金の収納代行，クリーニング取次，チケット販売，キャッシングなどのサービス・メニューが増加した。これらによって不可欠の社会インフラになった。

バック・システムも変化している。まず，セブン-イレブン，加盟店，供給業者を結ぶ情報ネットワークは，つねに先端技術を取り入れ高度の情報武装を推進してきた。80年代のPOS全店導入を手始めに，通信ネットワークの導入，さらにはISDN（総合ディジタル通信網）の導入などである。これらによって，セブン-イレブン各店の売場は，それぞれの商圏特性，気温，時間帯需要変動に素早く対応して，品揃えをかえる機動売場になっていった。

加盟店の運営様式も徐々に変化していく。当初加盟店になったのは，酒屋や中小商店主など，すでにコンビニのための建物・土地について自前物件を持つプロの商人であった。このＡタイプと呼ばれる加盟店の比率は，店主の高齢化と後継者難，中小小売店の衰退などで減少していく。これに代わって増加するのはＣタイプと呼ばれる加盟店である。セブン-イレブン主導で開

発した物件を加盟者が受託運営する。加盟店主になったのは，脱サラなど商売からみると素人の人たちであった。90年代の終わりには，Cタイプの店舗が30％を超える。

　納入業者との関係性も大きく変化していく。この変化の推進力は，セブン－イレブンのネットワーク・パワーの増加である。セブン－イレブンは加盟店の仕入欲求を1本化して，供給業者との取引交渉に当たる。所有権はセブン－イレブンを経由しないから，いわゆるバイイング・パワーではない。加盟店ネットワークの仕入欲求情報を背景に取引交渉を行うからネットワーク・パワーと呼ぶのである。全店売上高が増加するにつれ，品揃え品目が3000前後と少ないため，単品ベースでみると多くの商品でセブン－イレブンは日本最大の販路に成長していった。

　ネットワーク・パワーの強大化によって納入業者との関係性が変化した。加工食品などでは毎年多数の新製品が導入される。セブン－イレブンの売場は，メーカーにとってこの新製品の全国展開の入り口になった。セブン－イレブンが取り扱わなければ，全国制覇は難しい。たんに販路として大きいだけではない。その売場は新製品を実物展示で示す広告媒体としても機能した。売場に置く見返りに，セブン－イレブンは多額のリベート，協賛金，無償サンプル提供を受けるようになっていった。

　また，セブン－イレブンはPB商品比率を高めていく。それだけでなく，一流メーカーとの共同商品開発によって，従来のPBコンセプト超える高級オリジナル商品の開発にまで進出するようになった。パン，アイスクリーム，ラーメン，輸入ビール，レトルト食品の領域である。これによって商品開発の調整者になっただけでなく，いくつかの高品質PBについてはメーカーの商品開発リーダーの地位さえ奪うようになった。[*10]

　フロントやバックのシステムでの変化には不変パターンと変化パターンが共在している。その漸進過程を全体としてみると，進化としてしか表現のしようがない。セブン－イレブンはコンビニ業態を維持しながら漸進的に変化してきた。この点では経路依存の過程にある。しかしこの経路はフロントと

＊10　矢作敏行編著，『デュアル・ブランド戦略』，有斐閣，2014年。

バックのシステムのフォーマットが変化しているという意味で進化している。セブン-イレブンの経路依存では，経路のたんなる再生，断絶でもなければ，新経路創造でもない。経路依存は業態形質を維持しながら，フォーマットが漸進的に進化している経路をたどっているのである。

過程追跡と漸進メカニズム

以上の特質を念頭におけば，漸進物語分析はポイント4.5に示すステップをふむ必要がある。

何よりもまず，説明すべき物語の結末（結果）を明確に定義することが必要である。この結末は持続成長のように，その発生に長期を要する出来事である。漸進物語の結末は，盛衰物語や復活物語のように，物語の最終時点にかかわるのではない。漸進物語の全期間にかかわるのである。持続成長などはその代表例であろう。

漸進物語分析のステップ ポイント4.5

➢ 物語の結果（結末）の明確な定義
➢ 経営サイクルにともなう事件年代記の作成
➢ 漸進的変化の推進メカニズムの過程追跡

次に行うべき作業は，全期間にわたる経営サイクルでの事件を追跡して，できるかぎり詳細な事件年代記を作成しなければならない。各年度の有価証券報告書や新聞・雑誌のアーカイブデータや社内記録などが重要なデータ源となろう。データの大部分は大量のテキスト・データベースになる。たとえば筆者がセブン-イレブンの持続成長の分析に利用したテキスト・データベースは1万件近い新聞記事全文から構成されていた。テキスト検索ソフトで自由に必要なデータを取り出せるように，データ単位の区切りやタグ付けなどデータ形式を整備しておかねばならない。

漸進物語分析の焦点は，何が結末（持続成長）を推進したかである。事件年代記と直接に関連づけようとすれば，データの洪水におぼれてしまうだろ

う。必要な手法は過程追跡である。過程追跡では経路依存のような発展モデルに頼ることなく，結末を生み出した原因を事例内データから探っていく。そのさい有用なツールは因果メカニズムの概念である。

因果メカニズムは原因が結果をいかに生み出すかの過程である。漸進物語では説明すべき結果は，売上高の持続的成長と収益性（売上高営業利益率）の長期的安定である。何がこれらを生み出したのか。漸進的変化の主要因は内生的である。つまり，経営サイクルにおけるフロント・システム，バック・システム，そしてそれらを統御する戦略が内生的要因になろう。経営サイクルにかかわって多くの事件が発生する。それらを原因となるような出来事概念に集約しながら，漸進的変化を支えているメカニズムを解明しなければならない。

具体例をあげよう。別途行ったセブン-イレブンの持続成長分析では，持続成長の各段階での主要メカニズムは変化する。それらは

- ブルーオーシャン・メカニズム
- 情報武装メカニズム
- 商根茎メカニズム
- 店舗工場メカニズム

である。各メカニズムの重要部分は継起的に累積し，後のメカニズムを補完したり，その一部として組み込まれる。この意味でメカニズムも進化した。だから持続成長全体はメカニズムの進化によって支えられている。

メカニズムの進化

▶ブルーオーシャン・メカニズム

ブルーオーシャン・メカニズムは，74年の創業から株式上場前後の80年頃までの爆発的な成長を支えたメカニズムである。ブルーオーシャンとは無競争市場のたとえであり，血みどろの過当競争市場であるレッド・オーシャン

---

*11　D. Beach and R. B. Pederson, *Process-Tracing Methods: Foundations and Guidelines*, The University of Michigan Press, 2013. また，田村正紀, 前掲書, 2014年参照。

*12　田村正紀, 前掲書, 2014年参照。

に対比される。[*13] 高度成長期の東京など大都市圏には，若者世代の労働者，サラリーマン，学生たちが集結していた。かれらの多くは独身で社員寮，寄宿舎，下宿などの台所もない狭い部屋に居住していた。セブン‐イレブンはかれらを標的にコンビニを開発導入した。それはそれまでにない業態であり，若者世代に大きい喝采で受け入れられた。創業後の数年に及ぶ爆発的なセブン‐イレブンの成長がそれを物語る。

コンビニという業態名だけでみれば，当時すでにかなり普及し，各企業がその導入を模索していた。しかし，売場面積，運営方式，営業時間，品揃え構成，価格帯についてのフォーマットは各社間で多様であった。セブン‐イレブンは日本でのコンビニ業態の基本フォーマットを最初に確立して，実質的な業態革新者となった。標的市場は巨大で競争相手はいない。だからセブン‐イレブンはブルーオーシャンを舞台に急成長した。

ブルーオーシャン・メカニズムの構成要素は，
- 新世代消費者を中核にしたコンビニ市場の発見
- それに訴求するためのフロント・フォーマットの採用
- 店舗への効率的かつ迅速な仕入・物流システムの構築
- 迅速な加盟店募集・店舗開発の仕組み

などであった。

創業から80年代前半頃まで，店舗の展開先を首都圏に限定していた。そこに肥沃で巨大なコンビニ市場があり，集約的な店舗展開や供給システムの展開に好都合であった。しかし，セブン‐イレブンの大成功を見て，それを模倣したローソンやファミリーマートなどの強力な競争相手が出現した。かれらはセブン‐イレブンがまだ出店していない他地区で急速に店舗展開しただけでなく，首都圏市場にも参入し始めた。

これはセブン‐イレブンの成長にとっても潜在的な転機であった。同種コンビニとの同業態競争が激化すれば，早晩，財務成果は低下してくるだろうからである。それだけでなく，他地区を占拠されしまえばそこへのセブン‐

---

* 13　W.C.Kim and R. Mauborgne, *Blue Ocean Strategy*, Harvard Business Publishing Corporation, 2005.（有賀祐子訳『ブルーオーシャン戦略』ランダムハウス講談社，2005年）

イレブンの将来の店舗展開は後発参入という不利な立場に置かれるからである。しかし，セブン-イレブンは競争相手と店舗展開競争するために他地区にすぐに参入しようとはしなかった。

▶情報武装メカニズム

セブン-イレブンが取った戦略は迂回戦略であった。店舗の競争力を情報武装により一段と強化して，首都圏に参入する相手を邀撃するとともに，将来の他地区への参入に備えることであった。競争相手よりも数年も先駆けてPOSの全店導入を行った。それによって各店での売れ筋商品を把握した。同時に供給業者，本部，加盟店を繋ぐサプライチェーンを高度化し，発注オンライン化を実現した。セブン-イレブンの売場の機動性が増し，需要動向による品揃えが的確になった。

80年代後半から情報武装メカニズムが作動し始めた。その構成要素は，
- POSを中核とする情報システム
- 発注と連動した多頻度小口物流システム
- POS情報の本部集約によって，マーチャンダイジングと加盟店への本部推奨商品情報を提供する管理システム

である。

これらは店舗競争力を飛躍的に高めた。1店あたりの売上高で競争相手に格差をつけ，持続成長に貢献した。

▶商根茎メカニズム

セブン-イレブンの持続成長についてもっとも驚くべき事実は，バブル崩壊後に長く続いた不況の間でも，売上成長や収益性を維持したことである。同社は景気動向とは無関係に収益性を維持できる全天候型の事業になっていた。これを作り出したのは，高い店舗競争力に加えて，商根茎メカニズムが作動したことによる。根茎とは竹，スギナなどの地下茎のことであり，商根茎とは地下茎のように相互に絡み合う多様な商取引である。

外見的には見えないが地中で，地下茎は横断的な関係を持ち相互に絡まっ

て，植物の長期生存を助けている。セブン-イレブンは商業でのフランチャイズ事業であることから生じる多面的市場で活動する。そこでの多様な取引の中で商材を開発して，コンビニ商品売上以外の収益獲得や費用削減を行っていた。商根茎とはこのルートであり，次のようなものから構成されている[14]。

- 加盟店への商品推奨に伴うメーカーへのネットワーク・パワーの行使
- 加盟店への情報機器・販売什器整備に伴うバイイング・パワーの行使
- 先端情報機器の先発利用者であることによるベネフィット
- 納入業者への情報機器・ソフトのリース
- 加盟店への商業信用の供与（金融収益）
- フランチャイズ契約による加盟店からの預り金の財テク
- 店舗用地の先行取得による土地含み益とその実現
- Cタイプ店契約者のAタイプ店転換に伴う建物・土地の不動産業

これらの商根茎により，全天候型の事業が生まれた。

▶店舗工場メカニズム

　90年代も終わり頃から21世紀にかけて，次の潜在的危機が忍び寄ってきた。既存店を中心に全店売上高が低下し始めたのである。消費不況が依然として続いていただけではない。競争相手について見ても，98年にはファミリーマートがセゾンから伊藤忠商事に，2001年にローソンがダイエーから三菱商事に経営主体をかえた。かれらは情報武装でセブン-イレブンに追随し，競争力格差を埋めようとしていた。全国各地でコンビニ間の競争が激化していた。

　セブン-イレブンの1店あたり売上高も低下傾向を示し始めた。売上成長と収益性の維持は，店舗競争力よりもむしろ店舗数により大きく依存し始めた。いかにしてより多くの店舗を毎年開発していくか。これが持続成長の課題になった。この課題解決のためのメカニズムが店舗工場メカニズムである。これは工場生産のように大量に迅速に新店舗を作り出し，それによって持続成長を維持するメカニズムである。

　その主要な構成要素は，Cタイプの店舗を増やすことであった。このタイ

＊14　商根茎の詳細については，田村正紀，前掲書，2014年参照。

プでは，セブン-イレブン主導で開発した物件を加盟者が受託運営する。加盟店主候補は酒屋など中小商業者だけでなく，店舗用物件を持たない者まで広がる。長期不況の過程で中小商業者が激減していく一方で，脱サラやリストラによる中高年のサラリーマンは増えていた。Cタイプの店舗ではかれらを対象に加盟店主を探すことはより容易であった。これにより店舗開発が加速する。

　しかし，問題はかれらが商売の素人であり，店でかれらの補助者はパート就業者であるという点にある。商売の素人集団を動員して，いかに競争力のある店舗を作り上げ，また加盟店主のための収入を確保していけるのか。店舗工場システムでは，それまでのメカニズムが補完的に結合されていった。とくにセブン-イレブンの高度に発展した情報武装メカニズムとの連動が商売の素人集団をプロ集団にかえた。

　本部が提供する推奨商品情報を発注し，その他の経営指示に従っておりさえすれば，生活維持に必要なだけの収入は得られる。この期待も加盟店主の募集を容易にした。それだけではない。Cタイプ店主が増えることは，商根茎メカニズムを作用させる場がさらに拡大していくことでもある。店舗工場メカニズムでは，従来のメカニズムがそれに連動し累積している。全体としてみれば，持続成長メカニズムが進化していることになる。これによって，セブン-イレブンは競争相手をしのぐ店舗数を毎年開発する一方で，収益性を安定させながら持続成長を続けてきたのである。

第5章
変数から出来事へ
－物語分析の方法論－

あらゆる物語は結末と始まり，そしてそれらを繋ぐ筋書きから構成されている。筋書きを単純物語としてみれば，成功（成長），安定，あるいは失敗（衰退）の物語に，複雑物語としてみれば，盛衰，復活，あるいは漸進の物語になる。結末，始まりはそれら自体が出来事であり，両者を繋ぐ筋書きも出来事の連鎖からなる。通常の統計分析では変数が分析の基本単位であるのに対して，物語分析では出来事が基本単位になる。変数から出来事への分析単位の転換，物語分析のユニークさはこの点にある。

なぜ変数にかえて出来事を分析単位にするのだろうか。一口でいえば，経営事例について通常入手できるデータから，盛衰に代表される経営ダイナミクスを探るためである。経営ダイナミクスは，第1章の図1.1に示したように多様な環境での経営サイクルの動きから生じる。統計分析しようとすれば，この動きを表す変数値について十分な時系列データがいる。ほとんどの経営事例についてその種のデータは，上場企業の財務数字を除けば利用不可能である。それに比べれば，経営サイクルに関連した出来事発生のデータは，はるかに収集が容易である。その多くは新聞記事アーカイブなどに記録されている。

さらに，変数よりも出来事の方が，動態過程をはるかに容易に捉えることができる。統計分析では一定の変数組で動きを捉える。しかし，動態過程の特徴は，作用する変数の組自体が時間経過の過程で変わってしまうことである。動態過程の特定地点で，結果に影響する新しい変数が登場してきたり，あるいはそれまで影響力を持っていた変数がその働きを止めたりする。

物語分析を使えば，なぜダイナミクスを探ることができるのだろうか。何よりもまず出来事概念の柔軟性にある。経営世界で生じる個々の事件は，空間的にあるいは時間的に集計して，集計水準の異なる出来事概念に要約できる。また異種の事件を併せることにより統合的な出来事概念を構成できる。出来事のこのような概念操作を繰り返しながら，始点から結末にいたる筋道を探る。これはあらゆる物語分析の根底に流れる思考様式である。本章では今までの議論も振り返りながら，この様式の基本を要約しよう。それはこれから経営事例の物語分析を試みるさいにその方法論として役立つだろう

1. 経営世界での出来事

物語分析の概略

　経営世界は日々起こる事件によって動いている。ここでいう事件とは，経営世界で現実に生じ，話題や問題になる事柄である。経営世界では多様な事件が日々生じる。それらは東日本大震災のような天変地異によって生じることもあるが，多くの事件は経営サイクルにかかわる人間の行為遂行の産物として生じる。特定企業の経営世界を例に取れば，多くの事件はその組織の従業員，取引先や顧客，さらには競争者の行為遂行の産物である。物語分析の基礎データになる新聞記事のアーカイブなどはこれらの事件を記録している。

　物語分析でいう出来事は，事件を素材にして構成される理論概念である。現実に生じ記録されたり報道されたるする事柄を事件と呼び，事件を素材にして何らかの概念操作によって理論的に構成される事柄を出来事と呼ぼう。図5.1は物語分析で，事件と出来事がどのように関連しているかを示したものである。

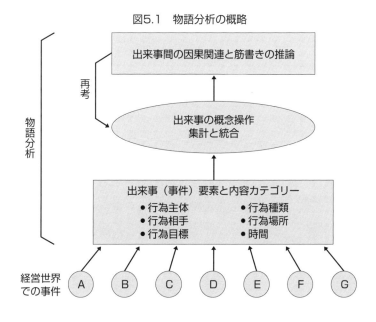

図5.1　物語分析の概略

物語分析では，まず事件をその要素と内容カテゴリーに従って，分類し整理する。この作業はアーカイブからテキスト・データベースを造り，各テキスト単位にその内容を示すタグ付けを行うといった作業である。事件も出来事も，以下で出来事要素と呼ぶ同じ要素からなる。この点に着目して次に，事件データから概念操作により，理論的な出来事概念を構成する。概念構成作業の内容は，出来事要素の特定側面にかんして同種事件を集計したり，あるいは異種事件を概念的に統合するといった作業である。

物語分析の課題は物語の始点から終点にいたる出来事間の因果連関を確かめ，筋書きを推論することである。筋書きを作る出来事は，物語文で相互に連接していなければならない。物語文とは，時間的に離れた2つの出来事E_1とE_2を指示し，より初期の出来事を記述するような文である。たとえば，「総合量販店のチェーン展開により，ダイエーの急成長が生じた」というような文である。チェーン展開と急成長という2つの出来事が指示されており，より初期の出来事であるチェーン展開が後者の急成長を照らして記述されている。筋書きはこのような物語からなる記述のネットワークである。

筋書きに明確な因果連関を確認できなければ，元に戻って出来事の概念操作を再考する作業が必要になる。筋書きでの因果連関と出来事の概念化とは，相互に依存しているからだ。この再考過程は物語分析の基本的な思考様式である。図5.1のそれぞれの内容を今までの諸章での議論も振り返りながら詳しく検討しよう。

出来事要素とは何か

経営世界で現実に起こったことのすべてを瞬間的に察知し，もれなく記録できる全知全能の神のごとき理想的年代史家がいるとしよう。かれが記す記録は経営世界の理想的年代記[1]（ideal chronicle）と呼べよう。それは経営世界で現実に形を取って現れ，人間が知覚できるすべての事柄，つまり経営現象のすべてを捉えている。

---

[1] 理想的年代記（ideal chronicle）の概念は，A・C・ダント，河本英夫訳『物語としての歴史：歴史の分析哲学』国文社，1989年による。

1. 経営世界での出来事

　この理想的年代記と比較すれば，広大な取材網を持つ新聞社，先端情報技術で武装した企業，大学あるいは調査機関でさえも，それらが捕捉している経営現象は理想的年代記の一部にすぎない。新聞社は世間がとくに関心を持ちそうな事件をピックアップし，企業はその経営にとって問題になりそうな事柄に絞って記録する。研究・調査者はその研究課題にしたがって事件情報を採集するだろう。つまり，人間が記録する事柄はそれぞれの関心事の篩にかけられている。事件は現実に生じた，この種の問題になることがらである。

　新聞・雑誌のアーカイブ，企業の内部記録や社史，調査・研究者のデータベースやフィールド・ノートは，事件とその生起日時を記した事件年代記を含んでいる。また歴史家が作成する歴史年表などもこの種の事件年代記の項目になる。事件年代記ではそれぞれの事件は生起順序に並べられているだけで相互に関連づけられていない。各事件はこの意味で孤立している。そこでは経営にとっての各事件の意味付けはなされていない。いわば，物語分析という料理に使う素材のままである。

　各事件の意味づけをするには，どの事件が物語分析の終点になり，またその始点になるのか。始点と終点はどのように結ばれているのか，これらの確認が必要である。事件のレベルでこの確認を行おうとすると，この作業はきわめて煩雑になる。理論的な出来事概念は物語分析を効率的に行うために，大量の事件データを整理する概念ツールである。

　人間は具体的な事物の意味内容を抽象的な理論概念を使って整理する。たとえば，トンボ，チョウチョ，蜂，ハエなどの具体的事物を昆虫という概念にまとめる。昆虫という具体的事物は，複眼，4枚のはね，6本の足といった共通の属性を持っている。概念はこれらの抽象化した属性を言葉で表した意味である。だから昆虫という言葉を聞くと誰でも，その意味をこれらの属性に照らして連想する。概念はいわば外的事物の情報を処理するための整理箱である。

　これと同じように，本書でいう出来事も理論的な概念である。それは事件データの整理箱としての役割を果たしている。出来事は多様な事件を統一的な視座によって分類し整理する。統一的な視座は事件の要素に着目することによって確立される。どのような要素に着目するのか。これは調査領域によ

って若干の相違がある。

　たとえば，ジャーナリストは，行為主体（WHO），日時（WHEN）場所（WHERE），理由（WHY），様子（HOW）の5W1Hに着目して事件を識別する。組織内部の人間の相互行為を対象にする組織論では，事件フレームの要素として以下のようなものを指摘している。[*2] 行為主体（Agent），行為（Action：事件要素の融合），行為対象（Object），手段（Instrument），配置（Alignment：手段が適用される特定の場所あるいは時間），状況（Setting:ある場所，時間内での行為主体，行為対象，手段の集まり），産物（Product：ある事件の生起により生まれるものごと），そして被影響者（Beneficiary：行為主体が生み出した事件によって影響される他の行為者）である。[*3]

　経営世界の事件の大部分は経営サイクルとそれを取り巻く環境の変化によって生じる。そして企業行動はたんに組織内部に向かっての行動だけでなく，企業外部の取引先や顧客への働きかけとしての取引（Transaction）を含んでいる。日常語でいう取引は，当事者間での契約にもとづく売買や役務の提供にさいしての金品のやりとり，つまり交換の意味に使われる。本書でいう取引はこの交換だけでなく，それに先立つ取引相手についての情報収集や交渉を含んでいる。このような企業行動は企業の主体的・能動的な行動であるかもしれないし，また環境変化に対するその適応・受動行動であるかもしれない。

　能動的にせよ受動的にせよ，企業の盛衰などは，この企業環境に向かっての働きかけ，つまり取引のやり方に大きく左右される。行為主体とその環境という視点からみると，ジャーナリストが指摘する事件要素は，事件の行為主体に焦点を当てており，その行為内容を明確に識別する要素を含んでいないことが多い。また，組織論の事件フレームの要素では単位要素だけでなく，単位要素の組み合わせによって生じる複合要素も事件の要素として含めてい

---

*2　D. R. Heise and A. Durig, "A Frame for Organizational Actions and Macroactions", *Journal of Mathematical Sociology*, Vol.22, No.2, 1997.
*3　D. R. Heise and A.Durigは，「事件」という用語のかわりに「出来事」（event）という用語を使っているが，その意味は本書でいう事件と同じである。

る。たとえば，行為，配置，状況などの要素である。このため，事件の整理箱としての出来事はきわめて複雑な整理箱になる。

物語分析では事件を容易にまた効率的に整理できるように，以上とは異なる出来事コンセプトを使う。経営における事件の多くは，企業内部およびその環境への何らかの行為遂行によって生じる。また環境変化も消費者や競争者の行為遂行の観点から捉えることができる。さらに地震のような天変地異や異常気象なども自然を擬人化して捉えれば，自然の行為遂行になる。

この行為遂行を語ろうとすれば，「遂行する」（Perform）という動詞がとる基本的な文型が必要になる。本書の出来事コンセプトは，経営における行為遂行を記述する基本文型にもとづくものである。この基本文型は

$$X \text{ Prfm } A, O, Y, P, t, g$$

という形式を取る[*4]。行為主体Xは，目標gのために時間tに場所Pで，行為相手Yに向かって何らかの行為対象Oに何らかの行為種類Aを遂行する（Prfm）という形式である。

この基本文型に含まれる，行為主体，行為種類，行為相手，行為対象，目標，場所，時間が出来事の基本要素である。経営世界での出来事を議論するさい，そのコンテキスト（状況）がしばしば問題になる。コンテキストは行為相手，行為対象，目標，場所，時間の組み合わせによって決まる複合要因である。だから出来事の基本要素には含めていない。

出来事要素の内容カテゴリーとは何か

出来事の各要素はどのような内容を持っているのだろうか。物語分析にとってとくに重要なことは，各要素の内容を区分して識別するため，どのような分節カテゴリーを使うかである。この点に焦点を当てながら，出来事要素の一般的な内容を要約しておくと，以下のようになろう。

---

*4　田村正紀『リサーチ・デザイン』白桃書房, 2006年。R. M. Marin, "On Atomic Sentential Forms and Theory Construction", in R. Cox, W.Alderson and S. J. Shapiro eds., *Theory in Marketing*, Irwin, 1964.

▶行為主体

　行為遂行により，出来事の他の要素を生起させる人，集団，あるいは組織である。行為主体のカテゴリーは，消費者などの個人やその集団の場合には年齢，所得，性差，地位など社会経済属性などで区分されたカテゴリーが使われる。たとえば，高所得層，低所得層，高齢層，若年層などの市場セグメントがその例である。企業など組織の場合には，企業名，業種，業態，規模あるいは組織内部の部門や職位（トップ，ミドルなど）を使う。

▶行為種類

　行為種類は行為主体が遂行する行為の内容である。この内容を区分するカテゴリーは多岐にわたる。主要なカテゴリーとしては，メーカーの場合には調達，生産，マーケティング，営業，財務，人事などとなろう。流通企業の場合には，マーチャンダイジング，価格設定，物流，店舗開発，販売促進，合併や業務提携などとなろう。また行為を戦略レベルと業務レベルに区分することもよく行われる。

▶行為対象

　行為対象とは，行為種類の対象になるモノや事柄である。たとえば，流通企業の場合には店舗やその品揃えであり，メーカー・マーケティング行為の対象はブランドや製品である。顧客にとっての魅力度向上が行為対象の焦点になる。組織行為の対象は意思決定事項や業務遂行様式などである。これらの効率化や有効化が行為による変換の対象になる。

▶行為相手

　行為相手は，行為主体が行為対象の変換によって働きかけるさい，その相手になる人，集団，組織などである。経営行為は他者との相互行為を含むことが多いが，行為相手はこの相互行為の相手方である。経営活動の遂行に必要な種々の取引の相手方や組織内部の他者が主要な行為相手である。また企業は法的規制の下に活動しているから，問題によっては国や行政機関も行為

相手になることがある。

▶**行為場所**

　行為場所は行為目標を達成するために，行為主体，行為種類，行為相手，行為対象が集められる空間的な領域である。具体的にいえば，企業内部での特定会議，企業活動が行われる地理的場所，さらには行為相手の場所などが含まれる。

▶**行為目標（あるいは結果）**

　経営行為はつねに目標を持っている。行為目標は行為対象や行為相手に働きかけて生じさせようとする変換である。たとえば顧客を行為対象とする場合には，ブランドに対するかれらの態度や購買の向上であるかもしれない。組織内部では会議に出席した他のメンバーの意見集約が行為目標になるかもしれない。

▶**時間**

　経営行為は時間的経過の中で行われる。時間は経営行為の遂行の時点あるいは期間である。時間は主として時期，年，月，日によって区分される。

　出来事要素の内容カテゴリーとしては，以上のような一般的なカテゴリーだけでなく，研究課題によっては理論カテゴリーを使う場合もある。各出来事要素の内容について，いくつかの理論カテゴリーを例示すれば次のようになろう。

　　行為主体：リーダー企業と挑戦企業に区分する。
　　行為種類：採用戦略をポーターの基本戦略をならって差別化，コストリーダー，ターゲッティングに分ける。[*5]

---

*5　M. Porter, *Competitive Strategies*, Free Press, 1980（土岐坤，中辻萬治，服部照夫訳『競争の戦略』ダイヤモンド社，1982年）

行為対象：プチ贅沢品，組織の機動性
行為相手：高齢市場を標的市場にする場合，単身健康，単身要介護，夫婦共に健康，夫婦共に要介護，夫婦一方要介護といった市場細分によって区分する。
行為場所：営業地域を都市部と農村部に分ける。
行為目標：最重点目標を売上高，市場シェア，営業利益などに分ける。
時　　間：たとえば，短期（1年以内），中期（1〜5年未満），長期（5年以上）に区分する。

　一般的カテゴリーにせよ，理論カテゴリーにせよ，そのカテゴリー区分は多様である。また出来事要素自体も多岐にわたるから，出来事は多様に概念化される点で柔軟な概念である。物語分析で使う出来事概念は，以上の基本要素とその内容カテゴリーを使って事件年代記から構成していくのである。

2. なぜ出来事に焦点を合わせるのか

事件リゾームからの脱却

　研究課題として設定された最終結果はどのような過程を通じて生み出されたか。物語分析の狙いはこれを明らかにすることである。このために，出来事を基本的な分析単位にして，その生起系列をたどろうとする。最終結果を生み出す出来事系列にどのようなパターンがあるのか。いわば物語の筋書きを明らかにすることが物語分析の狙いである。

　出来事を分析の基本単位にする。これは2つのことを意味している。1つは事件レベルでなくて，出来事レベルで筋書きを考えるということ，他の1つは出来事レベルで考えるにしても，それを変数の観点からみるのではなくて，変数値の特定組み合わせ（出来事）そのものを分析単位にするということである。それは行列代数が数ではなく，数の集まりとしてのベクトルや行列そのものを演算規則の研究対象にしているのに似ている。

経営世界の事件年代記などは，いわゆるリゾーム（根茎）に似ている。リゾームは中心を持たず異質な根がからみ合い，多様な方向に伸びている。経営世界の変化を反映して，事件年代記もリゾームのごとく生成し変化を遂げながら膨張している。それは新聞記事のアーカイブが異質な事件を次々に含み，それらを複雑にからませながらデータベースとして終わりなき拡大を続けていることにも示されている。物語の始点と終点の設定は，時間フレームを導入することによって，このリゾームの動きをある時間範囲に限定しようという分析上の工夫である。リゾームそのものは語り尽くせないことだけれども，時間範囲を限定すれば，その動きを説明できるかもしれないという期待がある。

しかし，時間フレームを導入しても，その期間での事件年代記は依然としてリゾームの性質を残している。樹木は地中で根を張ることによって支えられる。根を張るとはリゾームが生成発展するということである。その特徴は多方面に広がるが，方向に定めはなく，また重層的である。事件年代記がこのリゾーム性を持つとすれば，事件年代記から直接に物語の終点を生み出す過程，つまり筋書きを発見することはきわめて難しい。事件と事件を結ぶ関連は全体としてきわめて複雑なネットワークを構成するからである。

個々の事件は原子炉の中で飛び交う粒子のようなものである。その個々の動きはまったくランダムでその規則性を捉えることは困難である。しかし，観察の集計水準をあげると，物理学者や数学者が確率過程の議論で注目したように，そこには規則性やパターンが存在するかもしれない。また，サッカー競技場に爆発物が仕掛けられたという情報が入れば，観衆の個人個人は右往左往して個人の動きを予測することはできないだろう。しかし，集計レベルを上げてマクロ移動流（トラフィック・フロー）そのものを観察すれば，爆発物の位置や競技場の建物構造によって，マス・レベルでの移動方向に規則性が出てくる可能性がある。

出来事の概念は個々の事件を何らかの方法で調査・研究者が集計し結合したものである。事件年代記ではなく，集計レベルがより高い出来事年代記をみれば，個々の事件レベルでは見えなかった物語の筋書きが姿を現してくる

可能性がある。事件間の複雑なリゾーム的関連から脱却して，より明確な筋書きを構成的に発見できる途が開ける。

しかし，出来事を分析単位にするにしても，物語分析では，なぜ統計分析におけるように変数によって物語の筋書きを実証しようとしないのだろうか。主要な理由は3つある。1つは，分析が極度に複雑になること，他の1つは，出来事間の関連について多くのデータが欠測するからであり，最後に物語の筋書きはきわめて動態的な過程だからである。

分析の単純化

出来事を変数で捉えるということは，出来事要素のすべてを変数として捉えるということである。ある特定の出来事は，行為の主体，種類，対象，相手，場所，時間，目標という出来事要素の組（ベクトル）で捉えられる。これらの各要素が変数であるのは，出来事が異なれば，そのカテゴリーが異なる可能性があるからである。たとえば，ある出来事は行為種類としては店舗出店であるのに，別の出来事は製品開発である場合，これら2つの出来事は行為種類のカテゴリーが異なるので，行為種類変数の値が異なっている。対象識別のために使われる，いわゆる名義尺度はこの種の変数を測定する手段である。

出来事年代記を変数レベルで捉えようとすれば，そのデータ行列は表5.1のような形式になる。このデータ行列では各出来事はその年，月，日などの生起順序で並んでいるとしよう。各出来事はその要素のカテゴリーによって測定されている。これらの要素が変数になるのは，出来事間で要素のカテゴリーが異なるかもしれないからである。

時間を生起年度で計れば，表5.1の時間の列にはその事件が生起した年度が記入される。しかし，その他の要素は定性データであるから，カテゴリーを識別するため名義尺度を用いることが多いだろう。この尺度では1，2，3などのコード（カテゴリー値）を各カテゴリーに割り振ることになる。このような1，2，3という実数は，カテゴリーが違うという識別の機能しか果たしていない。この意味で名義尺度と呼ばれている。

2. なぜ出来事に焦点を合わせるのか　161

表5.1　出来事データ行列

出来事	出来事要素（変数）						
	主体	種類	対象	相手	場所	時間	目標
1							
2							
・ ・ ・			各出来事要素のカテゴリー値				
N							

　出来事データ行列が利用可能であるにしても，それの背後に潜む物語を統計分析することができるだろうか。議論を単純にするため，出来事データ行列は同じ主体，たとえば同一企業の出来事であるとしよう。統計分析の特徴はデータ行列を列の方向からみるという視座にある。その関心は変数間の関連にある。たとえば，典型的な統計分析は，売上高のような目標（従属変数）と，行為の種類，対象，相手，場所といった要素（独立変数）の関連を分析することである。分析の狙いは種類，対象，相手，場所が目標に与える主効果を推定することにある。回帰分析などを使う場合には，その回帰係数がこの主効果に当たる。

　データが定性的変数からなるとき，このような分析はきわめて煩雑になる。主効果を推定するため独立変数間の多様な相互作用を考慮に入れなければならないからである。しかし，もっと重要な問題はこのような主効果を推定するモデルが特異な物語を語っているに過ぎないということである。統計分析が語る物語は，各事例が一定の変数組で規定される同じ物語に従うということである。同じ変数組を使うかぎり因果モデルはあらゆる事例について同じように働いている。それは変数関連の物語であり，そこでは各事例は，従属変数を決定すると仮定される以外には，何らの質的差異も持たない。そしてこの質さえも独立的に働いている。

　統計分析とは対称的に，物語分析のような定性分析では出来事データ行列を行の方向から眺めている。そこでは各事例は出来事要素の値の特異な組み合わせとして捉えられる。この特異な組み合わせからなる出来事の系列が物語

162　第5章　変数から出来事へ－物語分析の方法論－

表5.2　出来事要素間の論理的に可能な関連

	出来事要素の カテゴリー		出来事Y						...			
			主体			行為種類				目標		
			1	2	3	1	2	3		1	2	3
出来事X	主体	1										
		2										
		3										
	行為 種類	1										
		2				XとYの特定要素カテゴリーの 組み合わせ						
		3										
	⋮											
	目標	1										
		2										
		3										

分析の焦点である。この系列を統計分析のように変数レベルで捉えると，出来事間の関連様式はきわめて錯綜する。たとえば，2つの出来事XとYを取り上げて見ても，その要素の論理的に可能な関連空間（セル）は，表5.2に示すように，多様である。物語の始点と終点を繋ぐ出来事系列全体についてみれば，要素（変数）間の関連様式がきわめて複雑になることは容易に理解できよう。

　物語分析では変数レベルではなく，変数（出来事要素）値の特定組み合わせとしての出来事のレベルで物語の筋書きを分析しようとする。前述のようにそれは行列代数が1つの数ではなく数の集まり（ベクトルや行列）を単位としてそれらの演算規則を取り扱っているのに似ている。このような分析レベルの移動によって，出来事系列は変数レベルで捉える場合に比べれば，はるかに簡素化されることになる。

出来事生起の論理的可能性よりも現実生起を考える

　しかし，物語分析で変数のかわりに出来事を分析単位にする理由はこれだけではない。もう1つの理由は変数レベルで考えた場合に，出来事要素間の

関連で論理的に可能な空間のごく一部にしか，現実の出来事系列での出来事関連が対応していないことである[*6]。表5.2の各セルの中には観察できるデータが存在しないため多くの空白ができる。言い換えれば，経験的に存在する出来事は，変数によって論理的に可能な出来事空間のごく一部を占めるに過ぎない。これは質的比較分析（QCA）では論理残余問題として取り扱われるが，統計分析ではこの問題は無視されている[*7]。

変数で捉えた場合に，変数値の組み合わせによって論理的に可能な出来事は多い。たとえば，ある結果が5つの原因条件で決まると想定される場合を考えてみよう。統計的な回帰分析では，結果と原因条件を変数で表し，以下のような線型モデルをよく想定する。Yは結果を表す従属変数，Xは原因条件表す独立変数，そしてaとbはデータから推定されるパラメータ（回帰係数）である。

$$Y = a + b_1X_1 + b_2X_2 + \cdots + b_5X_n$$

このモデルでYのある値を生み出す独立変数X_1〜X_5の値の論理的に可能な組み合わせはきわめて多い。しかし，実証にさいしてその組み合わせのごく一部しかデータの不在により現実に観察することができない。とくに経営世界での変数値は，多くの統計分析で想定するような釣り鐘型の対称的な正規分布に従うことは稀である。変数が大小いずれかに歪みのある分布を取ることは頻繁に起こる。このため，論理的に可能な変数値の組み合わせ（出来事）の多くは現実には起こっていない。

変数にかえて出来事を分析単位にするという発想の根底には以下のような疑問がある。もしたいていの出来事が起こらないとしたら，なぜすべての論理的に可能な出来事を捉える回帰分析のようなモデルが必要になるのだろうか。その種のモデルは生起した出来事だけでなく，現実には生じなかった出来事までも説明しようとしている。むしろ実際に生じた出来事の位置，つま

---

*6　A. Abott, *Time Matters: On Theory and Methods*, The University of Chicago Press, 2001.
*7　田村正紀『経営事例の質的比較分析：スモールデータで因果を探る』白桃書房，2015年参照。

り出来事要素のカテゴリー（変数値）の組み合わせそのものを，出来事として把握したほうが出来事系列をより容易に分析できるのではないか。

　出来事は出来事要素とそれらの間の相互作用の特定値の有様，つまり出来事要素変数値の布置である。しかし，物語分析では，出来事を最終結果にいたる物語の筋書きを単純化して捉えるさいの基本的な分析単位と考える。複雑な事柄を統計分析におけるように変数値の組み合わせに分解するよりも，むしろ経験的に観察できる，つまり実際に生じた出来事を直接的に概念化する方が，事件年代記の背後に隠れている物語の筋書きをより容易に発見できると考えるのである。

構造の動態的変化を捉える

　最後に，変数分析では，あらかじめ想定された一定の変数の組によって行為空間の構造が規定されている。時間的経過でもこの行為空間の構造は変化しないと想定されている。しかし，物語の筋書きはしばしば動態的である。出来事によって何が重要な要素であるのか，つまりその出来事の要素変数の組み合わせは異なっている。また出来事系列における特定の出来事の関連を出来事要素の変数レベルで捉えれば，その関連様式が時間的経過の中で変化するかもしれない。

　とくに物語の結果への影響という点からみると，時点によって特定出来事要素の重要性は異なることが多い。前述の統計モデルにそくしていえば，パラメータの値が時間に依存して変わるのである。動態過程を変数レベルで捉えようとすれば，時間的経過の中で変数の組が変化し，変数間の関係それ自体もその性質を変えるかもしれない。

　このような変数の組が変わり，変数間の関連様式が変化するさい，たとえデータがあるにしても真の意味での動態過程を処理できる統計モデルは存在しない。こうして現在の分析技術からみると，動態過程を分析するには，出来事自体を基本的な分析単位にして，その系列からパターンを，つまり物語の筋書きを一連の物語文を通して浮かび上がらせる以外に方法はないのである。

3. 出来事概念化の基本作法

何に留意するか

　出来事を分析単位とするさい，事件年代記から物語分析に必要になる出来事をどのように概念化していくのか。そのさいの留意点はポイント5.1のようになろう。

出来事コンセプトをつくるさいの留意点　　　　　　　　ポイント5.1

➢出来事要素についての情報はかならずしも完備していない。
➢問題によって重視される出来事要素の組み合わせは異なる。
➢出来事は単独事件だけでなく，複数事件の集計や結合によっても概念構成できる。
➢出来事は仮説的であり，分析過程で再構成できる。

　まず，留意すべきことは，出来事要素のすべてについての情報を完備した事件年代記はないということである。新聞・雑誌アーカイブ，企業の内部情報，あるいはシンクタンクや大学図書館での資料さえ，各事件にかんしてこれらの基本要素のすべてを記録していることはほとんどない。欠測している情報を埋めるために，資料探索，フィールドワーク，種々な調査が行われても，情報源における資料散逸，取材拒否などによって必要な情報を収集できないことも多い。

　しかし，基本要素のすべてについて情報が揃わなければ，物語分析に使う出来事概念が設定できないというわけではない。研究課題によって，どのような出来事要素が重要になるかは異なっている。問題によって重視される出来事要素の組み合わせが異なるということである。事件年代記に記された多くの事件につき，出来事要素情報が完備していないのは，事件の種類によって出来事要素の重要性が異なるからであろう。

　たとえば，流通企業の出店を出来事として捉えるさいには，店舗規模や業態といった「行為対象」，出店した都市や都道府県あるいそれらにおける都心

や郊外などの立地特性などの「場所」，出店した年度などの「時間」情報があれば，ほとんどの店舗展開の筋道を分析することができよう。

　出来事の基本要素は，出来事を概念設定するさいに使う要素の候補リストと見なすべきである。経営世界での出来事は，研究課題によりこれらの基本要素のいずれかの組み合わせによって，必要な概念構成ができるということである。

　出来事概念を構成するさい，とくに重要な留意点は出来事が事件とかならずしも1対1の対応をしていないということである。重要な事件であれば，その1事件からいくつかの出来事概念を構成できよう。たとえば，地震，津波，原発事故を併発した東日本大地震については，それらから経営ショックの種々の出来事概念を構成することができよう。さらに出来事は複数事件の集計，結合，そして出来事系列での事件位置の解釈などによっても概念形成される。

集計による出来事

　集計による出来事の概念構成は，出来事要素についてより広範なカテゴリーを使い，集計水準を引き上げることによって行う。何を軸として集計するのかという点からみると，空間集計と時間集計がある。

　空間集計は特定時点での空間カテゴリーの拡大によって行う。たとえば，場所については，一辺が250メートルの正方形で区画された地図（250メートル・グリッドのメッシュデータという）のグリッド・サイズを500メートル，1000メートルに引き上げることは場所データの集計である。町丁を市，都道府県に引き上げて地理データをみることも空間集計である。

　時間集計は事件の時間的系列自体を1つの出来事と見なせる場合に使う。阪神大震災や東日本大震災，新三宮店の出店などはきわめて短時間での出来事であった。1年以内に発生する出来事は短期的な出来事と見なしても良いだろう。これに対して，数十年間に及ぶセブン-イレブンの全国展開は長期的な出来事である。時間集計は，日，週，月，年，数年など，時間間隔をより長く取り集計水準を引き上げて，事件をある時間範囲にまとめあげていくこ

とによって行われる。

　たとえば，セブン-イレブンの店舗展開について利用できるデータは，年度別・地域（都道府県）別の出店数である。この場合この出店数が事件である。地域分類のカテゴリーとして都道府県のかわりに，東京都，東京都以外首都圏，それ以外を設定して，年度別出店数の経過をみると明確なパターンが現れる。また，セブン-イレブンの持続成長は数十年間という長い期間にわたる出来事である。もっとも研究課題によっては，短期的な事件でも長期的出来事として概念化しなければならない場合もある。たとえば東日本大震災をその影響まで含めて考えるさいには，きわめて長期的な出来事として概念化しなければならないだろう。

　空間集計と時間集計をまとめることによっても，新しい出来事を概念化できる。たとえば，創業時点から1978年までの期間での東京への集中出店は，セブン-イレブンの重要な出来事である。この間，店舗数が急激に増加したにもかかわらず，その4割前後が東京都に立地先を求めた。このような出店事件を集計すれば，「東京都への集中出店」という出来事を概念化できる。しかし，コンビニ間の競争が激化し始めた1980年以降をみると，その出店先はますます全国に広がっていく。このようなパターンは，「出店の全国展開」という出来事にまとめられよう。これらの出来事は，出来事要素のうちで個々の出店事件を年度という時間軸と都道府県という場所軸とのクロス集計した結果として概念化したものである。

　同じ出店事件でも集計の枠組みを変えると，別の出来事が概念化できる。たとえば，セブン-イレブンの出店場所について町丁別や250メートル・グリッドのメッシュで捕捉できるデータが利用できるとしよう。この場合には，半径2.5キロ・メートルの地域内に30店舗前後の店舗が集中出店して，商圏の隙間を作らずその地域を店舗網で面的にカバーしていることを観察できるだろう。いわゆるセブン-イレブンのドミナント出店方式である。この出店形式は創業以来引き続き各地への出店戦略として採用されているものである。こうした多年にわたる事件について，出店戦略としての「ドミナント出店」という出来事を概念化できる。

異種事件流の結合による出来事

　集計による出来事は，多くの場合，出店など同種の行為種類カテゴリーの集計によって概念化される。これに対して，結合による出来事は異種の行為種類カテゴリーの組み合わせによる概念化である。その例として，ダイエーによる総合量販店（GMS）の標準フォーマットの確立という出来事をとりあげよう。表5.3はこれに関連する事件年代記を示している。

　高度経済成長期に流通革命を先導したダイエーは，1959年にその2号店を大拡張して，2442㎡の新三宮店を開店した。それまでのスーパーに比べて格段に大規模であった。

　その品揃えもそれまでの化粧品，薬品，雑貨，バラ菓子に加えて，生鮮食

表5.3　セルフサービス店の新フォーマット出店事件

年度	店名	場所	商品	面積㎡	全国セルフサービス店数
1953	紀伊國屋	東京	青果物	110	1
1954	大友	京都	食料品	100	3
1955	わけや	東京	佃煮	40	40
	島田商店	東京	食料品・雑貨	100	
	ハトヤ	大阪	衣料品	26	
	富士履物店	大阪	履き物	?	
	中込百貨店	甲府	食料品，雑貨，衣料	132	
1956	八幡製鉄厚生課分配所	北九州	生活関連	7カ所，66～825	139
	丸和フードセンター	小倉	本格的スーパー	396	
	銀ビルストア	姫路	大型セルフ（衣料）	528	
	十合ストア	久留米	セルフサービス百貨店	627	
1957	主婦の店1号店	大垣		330	283
	ダイエー1号店	千林	薬品中心の雑貨	53	
1958	伊藤屋	東京	文房具	?	313
	ダイエー三宮店（2号店）	神戸	雑貨＋食品	70	
1959	ダイエー新三宮店	神戸	雑貨＋食品＋衣料＋家電	2442	1036

出所：建野堅誠『日本スーパー発達史年表』創成社，1994年より作成。

3. 出来事概念化の基本作法　169

図5.2　新三宮店での異種事件流の結合

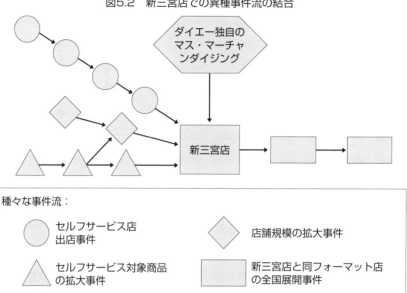

品，加工食品，衣料品，電器製品を追加して，生活関連商品を総合的に取り扱ったのである。これらの商品をセルフサービス方式によって廉売して多くの客を吸引した。このタイプの店舗はダイエーが62年以降に全国展開を始めるさいの標準的な店舗フォーマットになったのである。大成功した店舗フォーマットを全国展開する。これによってダイエーは，1970年代初頭には小売業売上トップに躍り出た。

新三宮店の開店は1つの事件である。しかし，この事件はその前後の他の事件の系列の中でみると，特別な意味を持っている。ダイエーだけでなく流通業界で生じつつあった異種の事件の流れがこの開店という事件につながっている。

この事件年代記には図5.2に示すように3種の流れがある。

第1に，セルフサービス店が全国に普及し急速に増加しているという流れである。日経新聞がアメリカでのセルフサービス店の普及状況を紹介したのは1953年1月であり，わが国にセルフサービス店がはじめて登場したのは同年の東京青山での紀伊國屋である。しかし，10年もたたないうちに全国のセ

ルフサービス店は1000店を超える。ダイエーの1号店，2号店もこの流れに乗っていた。

　第2に，セルフサービス方式は新しい商品分野に次々に適用された。当初は生鮮食品から始まったが加工食品に広がった。その後は雑貨や衣料品にも広がっていく。こうして主要な生活関連商品の分野別に専門店的なセルフサービス店ができた。ダイエーの1号店も化粧品，薬品を中心に雑貨，バラ菓子も扱うセルフサービス専門店であった。2号店ではこれらに加えて衣料品が加わった。種々な商品分野へのセルフサービスの適用，ダイエーの品揃え変化もこの流れの中にあった。

　第3に，このような種々な商品分野へのセルフサービス方式の流れは合流し，それらの商品を総合的に品揃えする店舗が現れ始める。この流れを端的に示すのは店舗面積の拡大傾向である。セルフサービス店の登場当初は100平米前後であったが，数年もたたないうちに500〜800平米の店舗が登場する。

　ダイエー新三宮店はこれらの流れの合流である。たんに合流したというだけでなく，先行店舗に比べて，その品揃え範囲が一段と拡大し，店舗面積を飛躍的に拡大したものであった。それだけではない。ダイエーはもともと廉売店として出発したが，新三宮店では質量ともに拡大した品揃え商品を，同社独自のマス・マーチャンダイジングによって破壊的価格で提供したのである。それはまさしくシュンペーターのいうイノベーションとしての新結合であった。

　それだけではなく，新三宮店のフォーマットは63年以降に福岡，四国，岡山，香里，茨城，赤羽などから始まるダイエーの全国へのチェーン展開における標準フォーマットになった。しかも，ダイエーの急成長を追いかけた他のスーパー企業の模倣の対象となり，スーパー業界の標準フォーマットとして普及していくことになる。このような点からみると，新三宮店開店という事件は，「総合量販店標準フォーマットの確立」という出来事として概念構成できよう。

　このような概念構成は，新三宮店をそれに関連した異種の事件流に位置づけることによってはじめて可能になる。しかも重要な点は，この出来事がダイエーの大躍進を説明する原因条件を探るさいの仮説だという点である。ダ

イエーは1972年に三越を抜き,小売業売上トップの位置についた。数百年の輝かしい社歴を誇る超優良企業を,創業わずか数十年の新興企業が追い抜いたのである。それは日本流通革命を象徴する大事件であった。なぜこのような結果が生まれたのか。総合量販店の標準フォーマットを他に先駆けて開発したという出来事が,これを説明する有力な原因条件仮説である。

　出来事は事件年代記を素材にして構成される理論概念（コンセプト）である。出来事はいくつかの事件生起の複合によって構成される概念構成物である。その物語分析の終点,何をその事例研究によって説明したいのかという研究課題に照らしながら,同じ出来事年代記から事件やその流れを結合することによって,異なる出来事を概念化することができるのである。

4. 筋書き発見と出来事概念

　なぜ物語の結末が生まれたのか。これを説明するため,物語分析では,物語の始点から終点（結末）にかけてどのような出来事が生じたのか,その出来事系列を取り出さねばならない。事件年代記から出来事を概念構成して取り出しても,各出来事間の因果連関は,多くの場合に,時の流れに従って1直線上に並んでいるような単線的な系列ではない。事件年代記の事件のようにリゾーム的な複雑性ではないしても,出来事間の因果連関は多様な出来事ネットワークを構成しているはずである。

　筋書きの発見を念頭に置くさいの出来事概念の構成では,ポイント5.2に留意しなければならない。

筋書き発見を目指す出来事概念構成　　　　　　　　　　　　　　　ポイント5.2

➤物語の結末（終点）になる出来事を精密に概念化する。
➤物語の始点出来事は,初期条件や境界条件にかかわる。
➤終点と始点を結ぶ中間の出来事は因果連関で結ばれる。
➤反実仮想で結果への必要条件を探る。

結末を精密に概念化する

　まず結末となる出来事を注意深く精密に概念化しなければならない。結末がなぜ生じたかの説明は物語分析の研究課題である。それだけでなく，結末は物語分析でもっとも重要な出来事である。なぜなら，物語での他の出来事は何らかの意味で結末に繋がっていなければならないからだ。各出来事について，それらは結末に関連があるのか。これを物語分析の過程でたえず問い続けなければならない。

　この問いに正確に答えるには，何よりも結末出来事を何らかの理論概念で捉える必要がある。たとえば，1972年にダイエーが小売売上高トップの地位に就いたという出来事をミクロ流通革命の実現と見なすのはこの例である。トップの座についたということが実例であり，ミクロ流通革命がその実例の意味を表す理論概念である。なぜ実例を理論概念で捉える必要があるのだろうか。

　1つの理由は，理論概念の例として実例を捉えると，その事例分析から得られる知見を他の事例にも適用できる途が開けるからである。トンボをトンボとして捕らえているかぎり，その観察から得られる知識はトンボだけにとどまっている。しかし，トンボを昆虫という理論概念で捉えると，トンボの観察から得られる知識を蝶，カブトムシなど他の昆虫にも適用できるかもしれない途が開ける。同じように，ダイエーのミクロ流通革命物語からの知見を，セブン-イレブンやアマゾンの成長など，新たな流通革命である可能性の高い事例に適用できるかもしれない。

　理論概念利用のもう1つの効用は，先行文献などから得られるその理論に関連する多くの仮説や知見を利用できることである。その例として，流通にかかわる理論や仮説，また産業革命や政治革命など，革命とは何か，それはどのように生じるかについての種々な仮説や知見を参照することができよう。これらの理論，仮説，知見を利用すれば，物語の結末に関連する出来事を洗い出す作業が容易になろう。

　出来事を理論概念として精密に構築するには概念分析のステップを踏む必

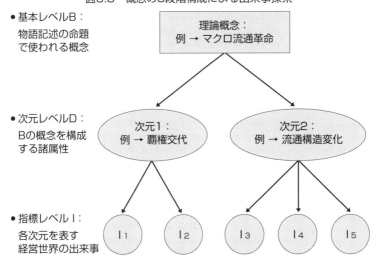

図5.3　概念の3段階構成による出来事探索

要がある。これは図5.3で示すように3段階からなる。[*8] まず，最終結果の出来事を何らかの理論概念の実例として捉える。次に，この理論概念の本質的特徴は何かを考え，それを理論概念の次元（側面）とする。理論概念によっては，次元の数は2つとは限らずもっと多くなるかもしれない。最後に，各次元についてその諸属性を表しているような，経営世界（現実）の出来事を探すのである。

物語始点になる出来事は何か

▶始点とは

　結末に関連する出来事を求めて過去へ遡及していく場合に，この探索の旅はどこで終わるのだろうか。遡及の旅が終わるところが物語の始点である。この始点の確定によってはじめて結末に関連する出来事の集合の範囲が時間的に決まる。しかし，過去に向かってどこまで遡れば良いのだろうか。

　最終結果Fを生み出すような出来事を過去に向かって逐次的にたどってい

---

*8　3段階分析は社会科学での概念分析の標準手法である。G. Goertz, *Social Science Concepts: A User's Guide*, Princeton University Press, 2006.

くとしよう。逐次的にたどるとは，Fが出来事Aによって生じているとすれば，次に出来事Aを生じさせたものは何かを問い，それが出来事Bによって生じていると考えられるならば，次に出来事Bを生じさせたものは何かを探るといった遡及の仕方である。この逐次的遡及の特徴は，時の流れの中で隣接した2つの出来事の対を次々に取り上げて出来事系列を過去に向かって探っていく点にある。

　歴史的過程での出来事は多かれ少なかれ過去に向かって連なっている。このような過程をそのまま捉えて最終結果と関連する出来事を逐次的に遡及していけば，遡及が終わることなく，いわゆる無限後退に陥る危険がある。認識論ではよく知られているように，無限後退に陥れば，最終結果の説明としては失敗したことになる。それを避けるにはどうすれば良いのか。

　自然科学とは異なる社会科学独自の方法論構築を目指したM・ウェーバーもこの問題に逢着した。この問題へのかれの解答は，研究者およびかれの時代を支配する価値理念に注目することであった。[*9]この価値理念が研究対象とその探究の因果連鎖がどこまで及ぶのかを決めている。

　価値理念とは価値観と同義であり，何を目指して行為するのかを決め，どのような問題が重要であるかを判断する基準である。この判断基準は行為の善し悪しを判断する基準となるだけでなく，どのような行為が必要なのか，つまり行為代替案の新たな創造にさいしても主要な働きをする。現代企業の代表的な価値理念をあげるならば，国際化，持続成長，顧客指向，イノベーション，あるいは適正な企業統治などであろう。

　物語分析では，この価値理念は調査・分析者が設定した物語の結末に表れている。物語の結末は，調査・研究者が重要であり，説明したいと思う出来事だからである。何を物語の主題に選ぶかは，調査・研究者の個人的関心だけでなく，その時々の経営世界の価値理念を反映している。そうでなければ，その研究はおたく型の研究になる。

　価値理念に注目せよというウェーバーの指摘を，物語分析に取り入れると

---

*9　マックス・ウェーバー，富永祐治・立野保男訳，折原浩補訳『社会科学と社会政策にかかわる認識の「客観性」』岩波文庫，1998年，99頁。

どうなるか。それは過去に向かって逐次的遡及をするさい，つねに物語の最終結果を念頭に置けということに他ならない。言い換えれば，これは物語の結末に照らしながら，個々の逐次的遡及を行えということである。出来事Cを生み出す他の出来事Dを探す場合にも，CとDの関係が物語の最終結末に照らすと意味があるかどうかを問わねばならない。物語の結末にいたる筋書き全体という枠組みの中で，出来事連鎖の個々の連関を評価するのである。物語の筋書きを作るために出来事間の個別連関を分析する。しかしそのさいも結末を手がかりにして，つねに物語全体を考える。個別を考えながら全体を考え，それと同時に全体から個別をみる。これは人間のもっとも創造的な知的作業である。

　この個別連関の評価にさいして，歴史家のいう相関性の減少原則[*10]を使うこともできよう。この原則によれば，結末とその原因とを分ける時間が長くなればなるほど，その原因の結末へのかかわりは少なくなる。つまり遠因は近因よりも結末へのかかわりが少ないということである。このかかわりの程度にかんして，何らかのストッピング・ルールを設定すれば，始点を定めることができよう。

▶制度的初期条件と境界条件

　しかし，この相関性の減少法則の適用にさいしては，注意すべき重要な例外がある。それは物語の結果を生み出す出来事系列が全体として経路依存の性質を帯びている場合である。この場合には経路依存の初期条件となる出来事が結果に重要な影響を与える。物語の結果からみれば，その近因ではなく最も時間をさかのぼった遠因が結果を左右する。ここでは相関性の減少法則の適用を限定する具体例をあげるにとどめよう。

　相関性の減少原則はつねに使えるとは限らない。遠因であっても結末やそれにいたる筋書きに大きい影響を与えるような出来事があるからである。たとえば，ダイエーが三越を抜いたのは1972年である。一方，このミクロ流通

---

*10　ジョン・L・ギャディス，浜林正夫・柴田知薫子訳『歴史の風景：歴史家はどのように過去を描くのか』大月書店，2004年。

革命のもっとも重要な基盤になった出来事は同社による総合量販店フォーマットの確立であり，それは事件としては新三宮店で1959年に生じた。ミクロ流通革命からいえば，いわば遠因に属するといえよう。同じように，セブン-イレブンは長期的な持続成長を続けているが，それを生み出す上で，コンビニの標準フォーマットを他社に先駆けて確立したという出来事を欠くことはできない。セブン-イレブン1号店が開店したのは1974年でありほぼ半世紀前である。

ダイエーの総合量販店フォーマット，セブン-イレブンのコンビニフォーマットのいずれも，その確立という出来事は物語の結末からみると，時間的に遠く離れた遠因である。それにもかかわらず，これらの遠因はミクロ流通革命や持続成長という結末を生み出す重要な始点として働いた。そのわけは，これらのフォーマットの確立以降，それらのフォーマットを採用した店舗が引き続いて開発されるという出来事が生じたからである。これらのフォーマットはその確立以降，両社の店舗開発様式としていわば制度化されたのである。

選挙制度，教育制度などのように，日常語で制度という用語を聴くと，法律で定められた仕組みを思い浮かべる。人文科学や社会科学では，制度という用語の語法はこの日常語法よりもかなり広い。これらの科学では社会的，文化的に定められている仕組みや決まりを制度という。制度化とはそのような仕組みや決まりができることである。これによって行為や行動がある定まった一定の様式で遂行されることになり，行為様式が定在化し，構造化される。同じフォーマットの店舗を次々に開発することは，店舗開発行為の定在化であり，構造化である。経営世界で戦略と呼ばれているものは，この意味で経営行動の制度化である。

このような制度化を生み出す最初の出来事を制度的初期条件とよぼう。ダイエーの総合量販店フォーマットやセブン-イレブンのコンビニフォーマットの確立はこの制度的初期条件である。物語の結末に重要な影響を与えた戦略（制度）を探り，それが開始された最初の出来事，つまり制度的初期条件は物語の始点となる出来事である場合が多い。

始点となる出来事を探るさいに，制度的初期条件と同じくらい重要なのは

その物語の筋書きが進行する場あるいはコンテキストになっているような出来事である。たとえば，ダイエーによるミクロ流通革命のコンテキストは明らかに日本の高経済成長であったし，セブン-イレブンの持続成長のコンテキストとしては，大店法をはじめとする厳しい流通規制があった。

物語の筋書きの場やコンテキストは境界条件と呼ぶことができよう。境界と呼ぶのは，筋書きの動きの範囲（境界）を制約するからである。境界条件は企業の経営環境と呼ばれてきたものにかかわりがある。要約的にいえば，それにはマクロ経済環境，技術環境，種々な法規制などが含まれている。制度的初期条件や境界条件はそれが存続し続けるかぎり，物語の結末がどうなり，それにいたる筋書きがどのように進行するかに大きい影響を与える。

出来事間の因果関係をたどれ

物語の結末と始点の間には，多くの場合，一連の出来事が介在する。これらの出来事が物語の筋書きを構成することになる。これらの中間的な出来事を洗い出すにはどうすれば良いだろうか。そのための主要な方法は，出来事間の因果関係をたどることである。

古代ギリシャの哲学者，アリストテレスは悲劇を主な題材にして，物語の形式的特徴を歴史上はじめて論じている。そこでかれは物語の筋の組み立てでの出来事間の関連について次の点を繰り返し強調する。すなわち，ある出来事は「さきに生じた出来事から，必然的な仕方で起こる結果であるか，あるいはありそうな仕方で起こる結果でなければならない」[*11]と。これは物語の筋書きでは，先の出来事と後の出来事は，前者を原因，後者を結果とする因果連関で結ばれなければならないということである。中間的な出来事の洗い出しは，この因果連関の概略を始点に向かってたどることによって行われる。

物語の結末から出発して，それの直接的な原因になると思われる出来事Xを探す。歴史家のいう相関性減少の原則によれば，特定出来事の直接的な原因は，その出来事から時間的にそれほど離れずに先行した他の出来事である

---

*11　アリストテレース，ホラーティウス，松本仁助・岡道男訳『アリストテレース 詩学・ホラーティウス 詩論』ワイド版岩波文庫，2012年。

ことが多い。このような出来事は複数あっても良い。さらに、それらの原因となった出来事がなぜ生じたかの原因を求めて時間的にさらに先行する別の出来事を探っていく。この過去遡及的探索は物語の始点にいたるまで繰り返し続けられる。

しかし、一対の出来事XとYについて、それらの因果連関をどのように確認すれば良いのだろうか。物語分析における因果確認の方法は、定性的方法における因果の考え方にもとづいている。この考え方の特徴は、統計分析（計量的方法）での因果の考え方との対比でみると、理解し易いであろう。ポイント5.3はこの対比を示している。[*12]

原因とは何か：統計的方法と定性的方法の対比　　　ポイント5.3

先行する出来事をX、後続の出来事をYとしよう。
➢ 統計的方法での原因→恒常的連接による確認
　出来事Xが生じると、高い確率で出来事Yが生じるならば、XがYの原因である。
➢ 定性的方法での原因→反実仮想による確認
　原因Xが存在しなかったとしたら、結果Yが生じるか。生じなければ、XがYの原因である。

統計分析での恒常的連接とはどのようなものだろうか。計量的方法では出来事XとYの両方にかかわるできるだけ多くの事例を収集する。この多数事例データが恒常的連接を探るベースになる。具体例を示すために、ある事例で出来事XとYが存在すれば、それぞれを1で表し、不在であればそれぞれを0で表すとしよう。100の事例のXとYの状態をクロス集計すれば、表5.4に示すように、各事例がセルA、B、C、Dに分布したとしよう。

出来事Xが生じる場合（X＝1）と生じない場合（X＝0）を比較すれば、出

[*12] 田村正紀『経営事例の質的比較分析』白桃書房、2015年。G. Goertz and J. Mahoney, *A Tale of Two Cultures: Qualitative and Quantitative Research in the Social Sciences*, Princeton University Press, 2012.（西川賢・今井真士訳『社会科学のパラダイム論争：2つの文化の物語』勁草書房、2015年）

表5.4 出来事XとYのクロス表（0＝不在，1＝存在）

		出来事Y		
		0	1	計
出来事X	0	A 20	B 20	A+B 40
	1	C 12	D 48	C+D 60

来事Yの割合にどのような差が出るだろうか。上例では，X＝0の場合のYの比率B/(A＋B)は20/40＝0.5，X＝1の場合のYの比率D/(C＋D)は48/60＝0.8である。XとYにともに影響するような他の諸要因がないとすれば，この結果はXの生起がYの生起とかなり関連していることをうかがわせる。

　事例数100についての結果であるから，他の新しい事例を取り上げてもこのような差異が出ることが統計的に期待できよう。つまり，XはYと恒常的に連接していると確率的に期待できる。このような恒常的連接を確認するために，統計的方法は表3.1のAからDの各セルの情報をすべて使用している。これによって，原因Xの存在が結果Yに対して平均的にどのような効果を持つかを推定し，因果関係を確認するのである。

　特定の大学入試を例に取れば，統計分析は英，数，国，理，社といった受験科目が合格か否かに平均的にどのような効果を持つかに関心がある。難関校では英，数が重要であるという主張は英，数の効果が大きいことを意味している。統計分析での因果とはこの効果の大きさである。上述の数例でいえば，0.8と0.5の差が原因Xの存在の効果である。

反実仮想で必要条件を探す

　統計的方法が原因の効果に焦点を合わせるのに対して，定性的方法の因果分析ではまず結果に焦点を置く。原因よりもまず結果から出発して，それが生じた原因を探ろうとする。原因とはそれなくしては結果が生じないような条件である。

　大学入試の例でいえば，結果としての合格者の集合をまず取り上げる。そ

して合格者が共有する英，数，国，理，社の得点レベルに注目するのである。たとえば英語の偏差値65以上など，合格者が共通して持つ条件は何かを検討するのである。この種の条件は合格の必要条件と呼ばれる。定性的方法での因果分析では，結果を生み出すこの必要条件を確認することが主要な課題になる。出来事Yが生じるために必要条件となっている他の出来事が出来事Yの原因である。

必要条件を探索するにさいして，定性的方法が注目するデータは統計的方法とは大きく異なっている。表5.5に示す出来事XとYのクロス表からこの点を見てみよう。この表は表5.4と同種のものであり，事例は4つのセルA，B，C，Dに分割されている。統計的方法ではすべてのセルのデータを使った。

定性的方法の必要条件探索では関連するデータはBとDだけであり，Y＝0となるセルAとCに入る事例は無関連である。出来事Yが生じた（Y＝1）事例だけが必要条件探索にかかわるデータである。これは必要条件情報はY＝1となる事例の中にしか存在しないからである。必要条件の確証に必要なのはセルDの事例だけである。一方，セルBに事例が存在すれば，それは出来事XがYの必要条件であるという主張を反証する証拠になろう。出来事XがYの必要条件であるという主張の理想は，セルDに多くの事例が存在するのに，セルBには事例が存在しないことである。

必要条件を探るこのような方法は複数事例データの利用可能性を前提にした比較事例分析による方法である。物語分析でも分析の各段階で適切な比較対象事例があれば，この方法を使うことができよう[*13]。しかし，それがなく，まったく単独事例について物語分析をしなければならない場合に必要条件となる出来事をどのようにして確認すれば良いのだろうか。そのために主要な方法は反実仮想による分析である。この手法は物語分析で出来事Yの必要条件になる他の出来事Xを探るさいに主要な手段になる。

反実仮想とは，出来事Yの原因候補である出来事Xがもし起こっていなか

---

*13　筆者はセブン‐イレブンの持続成長過程を分析するにさいして，随所にローソンやファミリーマートを比較事例として設定した（田村正紀『セブン‐イレブンの足跡：持続成長メカニズムを探る』千倉書房，2014年）。

表5.5　必要条件探索にかかわるデータ（0＝不在，1＝存在）

		出来事Y	
		0	1
出来事X	0	A 必要条件には無関連	B 必要条件の反証事例
	1	C 必要条件には無関連	D 必要条件の確証事例

ったらという現実とは異なる想定である。この想定の下に，Yはどうなっていただろうかを分析する。この結果，Xが起こらなければYも生じていないはずだと判断されるならば，XはYの必要条件になる出来事である。具体例をあげよう。

　1981年，当時のセブン−イレブン社長鈴木敏文は，社内の反対も押し切り，競合他社に数年先駆けてPOSの全店導入を断行した。もしこのPOSの早期採用という出来事がなかったならば，セブン−イレブンの長期持続成長は達成できたであろうか。同社のその後の長期持続成長を支えたメカニズムにはPOSシステムの高度利用が組みこまれている。POSの早期採用がなければ，セブン−イレブンの長期持続成長は不可能であったであろう。この意味で，早期採用という出来事は長期持続成長の必要条件と見なすことができよう。

　反実仮想は一種の思考実験である。必要条件を探るさいに，歴史学や政治学でも利用されてきた。「クレオパトラの鼻，もしもそれがもっと短かったなら，歴史は変わっていただろう」などというパスカルの言葉なども反実仮想の例である。反実仮想はこの例のように，多様なかたちで種々な出来事について行うことができるが，物語分析では原因と考えられる現実の出来事がもし起こっていなかったらというかたちで行われる。この仮想の下に，表5.5についていえば，セルBの反証事例が生じるかどうかを問うているのである。

　反実仮想のかたちは個別事例の特徴を踏まえて，ありうるものであり，妥当なものでなければならない。物語の結末と始点を繋ぎそうな出来事は，出来事間の各対について反実仮想を行っていけば，かなり洗い出すことができよう。

十分条件との関係

　物語分析で出来事間の因果は，必要条件による連接である。この連接の性格は歴史学での歴史的説明と同じである。歴史的説明も物語分析と同じように，説明したい結果から出発してその原因を探っていくからである。[*14] しかし，定性分析で取り上げる因果関係には必要条件だけでなく，十分条件がある。出来事Xが出来事Yの十分条件であれば，出来事Xが生じればかならず出来事Yが生じる。存在すれば，かならず結果を生み出すような条件，これが十分条件である。

　英語の偏差値65以上は，難関大学合格の必要条件であっても，十分条件であるとは限らない。合格者のすべてが英語の偏差値65以上でも，英語の偏差値65以上の受験生がすべて合格したとはいえないからである。出来事間が十分条件で連接されていれば，その物語の筋書きは必然的な物語となろう。一方，必要条件で連接されていれば，実現されなかったいくつかの筋書きを歴史の暗闇に埋没させた物語となろう。それは過去の可能態のいくつかを切り捨てることによって現実化した物語である。

　物語分析における出来事間の連接は十分条件よりもむしろ必要条件によるものである。しかし，物語分析が十分条件よりも必要条件を主軸にして物語の出来事を洗い出そうとするのはこれだけがその理由ではない。もう1つの理由は，十分条件よりも必要条件の方が関連する出来事を洗い出しやすいからである。

　必要条件になる出来事を探索する場合には，その出来事の結果になる出来事から過去遡及的に探索する。ところが，十分条件を探そうとすれば，出発点を原因と考えられる出来事に置かねばならない。表5.5についていえば，出来事X＝1の行のみが十分条件の検討に関連している。セルDの事例は十分条件の確証事例であり，セルCの事例は反証事例になる。結果ではなく原因

＊14　G. Goertz and H. Starr, " Introduction: Necessary Condition Logics, Research Design, and Theory" , in G. Goertz and H. Starr eds., *Necessary Conditions: Theory, Methodology, and Applications,* Rowman & Littlefield Publishers, 2003.

となる出来事から出発するから、関連する出来事を洗い出す作業は必要条件を手がかりにするよりもさらに煩雑になろう。

　十分条件連接による物語に比べると、必要条件連接による物語は物語の筋書きの妥当性が少し弱いという感を受けるかもしれない。しかし、必要条件連接はその中に十分条件連接も同時に含んでいる。結果出来事をY、原因出来事をXとし、さらに出来事が存在しないことを記号〜で表し、Y＝1とY＝0をそれぞれYと〜Yで表すことにしよう。XがYの必要条件であるということは、表5.5のセルBに事例が存在しないということだから、これを条件確率で表示すれば、

　　(1)　　$\Pr(Y|\sim X) = 0$

と書けるであろう。ここで記号〜は否定を意味し、$\Pr(Y|\sim X)$ は、Xが存在しない場合に、Yが存在する条件確率である。XがYの必要条件とは、この条件確率がゼロということである。

　式(1)の両辺に−1を乗じ、さらに1を加えると、

　　(2)　　$1 - \Pr(Y|\sim X) = 1$

さらに、Xが存在しない場合に、Yも存在しない確率$\Pr(\sim Y|\sim X)$ を考えよう。この確率を $\Pr(Y|\sim X)$ に加えると、確率の定義により

　　(3)　　$\Pr(\sim Y|\sim X) + \Pr(Y|\sim X) = 1$

である。式(2)と(3)より、

　　(4)　　$\Pr(\sim Y|\sim X) = 1$

である。この式は〜Xが〜Yの十分条件であることを示している。Xが生じなければYも生じないのである。必要条件による出来事YとXの連接は、同時にXが存在しなければYも生じないという十分条件による連接をも意味している。

索引

【ア行】

後知恵バイアス　103
アリストテレス　29, 177
安定物語　25, 29, 40
イオンのショッピングモール開発　61
勢い　68
意思決定の枠組み　104
異種事件流の結合による出来事　168
異種出来事系列の接合点　62
イノベーション　61
イノベーション発生状況　61
因果推論　86
因果図式　21
因果メカニズム　143
因果連関　177
ウィトゲンシュタイン　59
迂回戦略　145
打杭効果　85
売り上げ仕入れ　131
売上高営業利益率　94, 130
売場の機動性　145
営業利益　93
大型店と中小小売商との紛争　87
思い込み　83, 106
面白い物語　23

【カ行】

外商　125, 132
外生的変化　138
概念　76, 153
概念分析のステップ　172
開発チーム　63
外部性　66
学習効果　58, 67
過去依存　43
家族的類似性　59
価値観　107

価値限界　106
価値理念　174
過程追跡　143
可能軌道　86
環境条件　89
関係性ネットワーク　66, 68, 140
関心　24
官僚化　83
官僚制　120
官僚制の特質　120
企業家精神　61, 63, 138
喜劇　27, 80
技術革新　78, 82
気づき　97, 139
軌道　83
軌道位置ポジショニング　34
機動売場　140
機動性　69
起動出来事　49, 51
機動力　69
ギボン　30
客観状況　104
境界条件　177
業態　139
業態革新者　144
業態のフォーマット　140
業態分類基準　139
巨額固定費用の拡散　65
巨額の先行固定費用　58
岐路　49, 78, 79, 80
近代科学　35
空間集計　166
クロスセクション分析　13
経営憲章　69
経営サイクル　8, 81, 139
経営者の信念　69
経営主権　98

経営主権の状態	98	最小限書き換えの基準	86
経営ショック	77, 138	再生強化系列の定着	64
経営事例	2	再生強化メカニズムの発生条件	58
経営事例タイプ	6	再生メカニズム	79, 80, 83
経営世界	2	サプライチェーン	140
経営世界の事件年代記	159	時間	157
経営ダイナミクス	150	時間集計	166
経営トップ	98	時系列統計分析	13
経営トップの主観状況	103	時系列分析	15
経営トップの信念や哲学	108	事件	151
経済変動	77	資源限界	106
経済法の効力	87	事件年代記	153, 159, 165
形成期	47	事件フレーム	154
経路依存	42, 46, 78, 138, 142, 143, 175	事件リゾーム	158
経路依存軌道	79	自己強化メカニズム	55
経路依存の初期条件	175	自己駆動エンジン	138
結合による出来事	168	市場機会ベクトル	69
結末	172	市場へのゲートウェイ	64
結末出来事	172	実践効用	32
現実軌道	86	質的比較分析	163
行為相手	156	失敗物語	25, 40
行為主体	156	実例レポート	4, 5
行為種類	156	始点	153
行為遂行	155	地元民主主義	87
行為遂行を記述する基本文型	155	シャープ	78
行為対象	156	収益一定	54
行為場所	157	収益逓減	54
行為目標	157	収益逓増	53
後期ロックイン	57	集計による出来事の概念構成	166
恒常的連接	178	終点	153
構造の動態的変化	164	終点出来事	18
高品質PB	141	重要な転機	85
個人の信念	106	主観状況	104
5W1H	154	主観状況の再現	103
好み	106	シュンペーター	61
コンテキスト（状況）	155, 177	商業活動調整協議会	84
		商根茎	146
【サ行】		商根茎メカニズム	145
最終環境	10	情報シェアリング	100

情報の組織歪曲 101
情報武装メカニズム 145
情報歪曲 100
消滅 78, 97, 111
「消滅」状態 111
消滅モード 111
将来ビジョン 106
初期革新性 58, 60
ショック 50
事例選択 76
事例の観察期間 76
進化 142, 147
新経路依存の創造 78
新結合 61
新製品開発 60
信念 83, 112, 118
新聞記事のアーカイブ 151, 159
衰退 123
衰退物語 111
筋書き 23, 152
筋書きが進行する場 177
筋書きの方向 25
筋書き発見を目指す出来事概念構成 171
ストーリー 15
成功体験 69, 83
成功体験による金縛り状態 57
成功物語 25, 40, 41
成功物語を生み出す出来事系列 83
盛衰物語 41
成長速度 64
制度化 176
制度的初期条件 176
正のフィードバック 54
セブン-イレブン 61, 135
セブン-イレブンの長期持続成長 181
前期ロックイン 57
線形加法モデル 36
潜在的危機 146
潜在的転機 93

潜在的転機への対応タイミング 97
漸進 78
漸進物語 40, 135
漸進物語の筋書き 138
漸進物語分析 142
前成期 47, 48
選択肢での可能集合と想起集合 104
選択肢の想起集合 105
選択の主観状況 103
選択の余地 89
専門店 42, 61
戦略 10, 140, 176
戦略シナリオ 33
相関性の減少原則 175
総合量販店（GMS） 6
総合量販店（GMS）の標準フォーマットの確立 168, 170
ソーシャル・ネットワーキング・サービス 66
組織的ロックイン 57, 93, 112, 115
組織漂流 58, 93, 116
組織文化 107
組織論 154
組織論の事件フレーム 154
孫子 68

【タ行】

ターニング・ポイント 77
ダイエー 28, 76
対応 97
対応選択 89
対応タイミング・モデル 97
対応の構造条件 89
大規模小売店舗法 78, 84
大店法 30
ダイナミクス 14, 38, 77
大丸 28
大丸事例 124
惰性 57
単純物語 76

逐次的遡及	174, 175	動態的な出来事系列	43
知識	35	特定企業の経営世界	151
抽象化された経験主義	37	土地神話	113, 118
中心都市エリア	124	土地の含み益	73
長期持続成長	139	トップ情報システム	98
調整効果	58, 66	ドミナント出店方式	167
直接環境	10	ドラッカー	62
通産省	85	ドラマ性	26
定型的な常規決定	99	取引	154
定性的方法での原因	178		
定性分析	161	**【ナ行】**	
停滞	124	内製主義	72
出来事	150, 151	内生的進化	138
出来事系列	43, 81, 158	納得性のある物語構成	28
出来事コンセプト	155	納得品質	116
出来事生起の論理的可能性	162	ナラティブ	15
出来事年代記	159	２重構造	42, 87
出来事の概念操作	152	認知限界	106
出来事の基本要素	155	ネットワーク外部性	66
出来事のパターン知識	111	ネットワーク・パワー	141
出来事要素	152		
出来事要素の内容カテゴリー	157	**【ハ行】**	
テキスト・データベース	142, 152	バイイング・パワー	67, 141
哲学	106	パクス状態	29, 30, 92, 96
テナント自前主義	117	バック・システム	139
転機	77, 138	バック・フォーマット	8, 130, 133
転機期間	80	発展軌道	83
転機状況	110	バリュー消費	116
転機対応選択肢の想起集合	112	バリュー商品	116
転機対応の失敗パターン	112, 117	阪急梅田の劇場型百貨店	61
転機対応のタイミング	80, 90	反実仮想	85, 178, 180
転機対応の特質	98	比較事例分析	180
転機動因	81, 85	比較歴史分析	89
転機への対応タイミング	96	悲劇	27, 80
店舗競争力	145	必要条件	180
店舗工場メカニズム	146	百貨店法	30
遠因	175	漂流	57
統計手法	35, 36	不確実性	79, 103
統計的方法での原因	178	不確実性吸収	100

不確実性の水準	107
複雑物語	27, 76
複雑物語での事例選択	76
復活	78, 124
復活パターン	124
復活物語	97
負のフィードバック	54
フランチャイズ・ビジネス	136
ブルーオーシャン	143
ブルーオーシャン・メカニズム	143
プログラム化された決定	98
フロント・フォーマット	8, 130, 131
分節カテゴリー	155
ベイズ推論	101
変数	150
変数値の特定組み合わせ	158
母集団	36
POSシステム	67
本社集中仕入れ比率	133

【マ行】

マクロ事例	3
ミクロ事例	3
ミクロ流通革命	7, 62, 83, 85, 172, 176
店仕入	125
無限後退	22, 174
名義尺度	160
メカニズムの進化	143
物語形式	40
物語構成のルール	15, 16
物語の始点	21
物語の始点と終点の設定	159
物語の終点	17
物語の筋書き	40, 79, 158
物語の筋書き仮説	42
物語文	19, 152
物語分析	2, 14, 151
物語分析に使う出来事概念	165
物語分析の基本的な思考様式	152
物語分析の狙い	158

【ラ行】

楽天	66
楽天のインターネット通販モール	61
理想的年代記	152
リゾーム	159
立地創造	72, 112
流通業界	41
理論事例の面白さ	24
理論事例の特徴	5
理論的な面白さ	28
理論的な出来事概念	152
例外状況	98
例外状況での意思決定	98
歴史分析	14
廉売主義	72
ロックイン期	47
論理残余問題	163

【欧文】

Aタイプ	140
Cタイプ	140
Cタイプの店舗	147
M・ウェーバー	174
QCA	163
SNS	66
Transaction	154

【著者紹介】

田村正紀（たむら　まさのり）

現　　職　神戸大学名誉教授，商学博士
専　　攻　マーケティング・流通システム
主要著書　『マーケティング行動体系論』千倉書房，1971年，『消費者行動分析』白桃書房，1972年，『小売市場構造と価格行動』千倉書房，1975年，『現代の流通システムと消費者行動』日本経済新聞社，1976年，『大型店問題』千倉書房，1981年，『流通産業：大転換の時代』日本経済新聞社，1982年，『日本型流通システム』千倉書房，1986年（日経・経済図書文化賞受賞），『現代の市場戦略』日本経済新聞社，1989年，『マーケティング力』千倉書房，1996年，『マーケティングの知識』日本経済新聞社，1998年，『機動営業力』日本経済新聞社，1999年，『流通原理』千倉書房，2001年（中国語訳，China Machine Press, 2007年，朝鮮語訳，Hyung Seul Publishing Co., 2008年），『先端流通産業：日本と世界』千倉書房，2004年，『リサーチ・デザイン：経営知識創造の基本技術』白桃書房，2006年，『バリュー消費：「欲張りな消費集団」の行動原理』日本経済新聞社，2006年，『立地創造：イノベータ行動と商業中心地の興亡』白桃書房，2008年，『業態の盛衰：現代流通の激流』千倉書房，2008年，『消費者の歴史―江戸から現代まで』千倉書房，2011年，『ブランドの誕生―地域ブランド化実現への道筋』千倉書房，2011年，『観光地のアメニティ』白桃書房，2012年（編者），『旅の根源史：映し出される人間欲望の変遷』千倉書房，2013年，『セブン－イレブンの足跡：持続成長メカニズムを探る』千倉書房，2014年，『経営事例の質的比較分析』白桃書房，2015年

■ 経営事例の物語分析
　─企業盛衰のダイナミクスをつかむ─

■ 発行日──2016年10月6日　初版発行　　　　　〈検印省略〉
■ 著　者──田村正紀
■ 発行者──大矢栄一郎
■ 発行所──株式会社　白桃書房

　　　101-0021　東京都千代田区外神田5-1-15
　　　☎03-3836-4781　📠03-3836-9370　振替00100-4-20192
　　　http://www.hakutou.co.jp/

■ 印刷・製本──藤原印刷

©Masanori Tamura 2016 Printed in Japan ISBN 978-4-561-26685-3 C3034

本書のコピー，スキャン，デジタル化等の無断複製は著作権法上での例外を除き禁じられています。本書を代行業者等の第三者に依頼してスキャンやデジタル化することは，たとえ個人や家庭内の利用であっても著作権法上認められておりません。

JCOPY〈(社)出版者著作権管理機構 委託出版物〉
本書の無断複写は著作権法上の例外を除き禁じられています。複写される場合は，そのつど事前に，(社)出版者著作権管理機構（電話03-3513-6969，FAX 03-3513-6979，e-mail：info@jcopy.or.jp）の許諾を得てください。
落丁本・乱丁本はおとりかえいたします。

好評書

田村正紀【著】
経営事例の質的比較分析 本体 2,700 円
―スモールデータで因果を探る

田村正紀【著】
リサーチ・デザイン 本体 2,381 円
―経営知識創造の基本技術

田村正紀【著】
立地創造 本体 3,400 円
―イノベータ行動と商業中心地の興亡

田村正紀【編著】
観光地のアメニティ 本体 3,500 円
―何が観光客を引きつけるか

坂下昭宣【著】
経営学への招待[新装版] 本体 2,600 円

川村稲造【著】
仕事の経営学 本体 2,600 円
―職務の機能と進路を考える

沼上 幹【著】
行為の経営学 本体 3,300 円
―経営学における意図せざる結果の探究

C. グルンルース【編】蒲生智哉【訳】
サービス・ロジックによる現代マーケティング理論 本体 3,500 円
―消費プロセスにおける価値共創へのノルディック学派アプローチ

P. コトラー・W. ファルチ【著】杉光一成【訳】
コトラーのイノベーション・ブランド戦略 本体 4,200 円
―ものづくり企業のための要素技術の「見える化」

――――― 東京 白桃書房 神田 ―――――

本広告の価格は本体価格です。別途消費税が加算されます。